Kathrin Rüegg

Ein Dach überm Kopf

Tessiner Tagebuch

Albert Müller Verlag
Rüschlikon-Zürich · Stuttgart · Wien

Für den großen Luzi, Bruno, Wisi,
den kleinen Luzi und Hansjörg,
für Quinto, Lindo, Americo und Diego,
für Ferid und Semo
für Susi, Gabriela, Reni, Heidi,
Bubu und Isabel
für Marcos Mutter
und auch für alle andern, die mit
uns litten – und die uns halfen,
ein neues Dach überm Kopf zu haben

Zementstaub im Haar, Zementstaub auf der Schreibmaschine, die Hände rissig vom Zement, die Kleider voller Zementspritzer – und als Sitzgelegenheit zwei übereinander gelegte Zementsäcke: Ausgangslage, um dieses Buch zu schreiben.

Kreischen einer Kreissäge, Hammerschläge, Pfupfen und Keuchen des Motors, der die Seilbahn antreibt, Radiomusik, auf lauter bis lautester Tonstärke empfangen, Gepfeife und Gesinge, Gelächter, zwei bellende Hunde, ein Verein schnatternder Enten, Hühnergegacker, Hähnekrähen: Begleitmusik, um dieses Buch zu schreiben.

«Schön wird's bei dir – und Platz werdet ihr haben. Ich mag's euch allen gönnen. Aber daß du es fertig bringst, alle andern arbeiten zu lassen und mittendrin friedlich an der Schreibmaschine zu sitzen, anstatt auch etwas Rechtes zu tun – ich weiß nicht…»: Kommentar meiner Freundin Emilia zu meiner Absicht, dieses Buch zu schreiben.

Emilia hat ihren hochbeladenen Heukorb an die Gartenmauer gelehnt. Sie benutzt ihre Verschnaufpause zum täglichen Schwatz. Wie sehr würde ich ihn vermissen, hätte ich ihn nicht. Ich erkläre also Emilia:

«Es wird ein Buch werden, das alle trösten soll, die selbst über ihren Bauproblemen schier verzweifeln. Es soll auch eines werden, das diejenigen tröstet, die zwar vom Bauen träumen – aber die aus irgendeinem Grund noch nicht damit beginnen können.

Und dann wird es auch noch ein Buch, in dem berichtet wird, wie es bei uns weiterging und weitergeht.»

«Warte doch mit Schreiben, bis das Haus fertig ist.»

«Ich hoffe, es wird unter Dach sein, bevor ich meine letzte Seite geschrieben habe. Wie gerne möchte ich im Schlußkapitel über meine Hausräuke, die Hauseinweihung, berichten. Aber mit der Festlegung von Terminen habe ich im gleichen Maß mehr Schwierigkeiten, wie ich älter werde. Weißt du noch: letzten Mai rechneten wir damit, an Weihnachten fertig zu sein – und jetzt ist es schon bald wieder Frühling ...»

Letzter Mai, genauer: fünfzehnter Mai neunzehnhunderteinundachtzig.

Es begann damit, daß das Steinplattendach über dem Hausteil, in dem oben Susi, in der Mitte ich ein Schlafzimmer hatte, und in dem zuunterst die Küche war, nach einem heftigen Gewitterregen undicht wurde. Bei Susi tröpfelte es herein.

Susi ist der wohl genügsamste Mensch, der mir je begegnet ist.

«Macht nichts», sagte sie. «Ich rutsche mein Bett eben ein bißchen zur Seite.»

Aber beim nächsten Gewitter nützte das Beiseiterutschen auch nichts mehr. Das Wasser floß der Holzverkleidung entlang. Alles war feucht. Bett, Kissen, Matratzen, Teppich, Kleider, Bücher.

Es soll's mal einer versuchen, blitzartig eine Baufirma zu organisieren, die fähig ist, undichte Steindächer zu reparieren.

«Dopodomani», sagte Lindo nach meinem verzweifelten Telefonanruf.

Und dopodomani – übermorgen – sagte er wiederum: «Dopodomani».

Nach etlichen weiteren dopodomanis kam er, schaute sich die Bescherung an, kletterte aufs Dach, hob einige Steinplatten.

«Da gibt's nur eines, wenn's etwas Rechtes sein soll: Dach abdecken, neuen Dachstuhl machen, mit neuen Platten decken. Etliche Tragbalken sind morsch, und die Platten sind zu unregelmäßig.»

«Und wann, lieber Lindo, könnte diese Arbeit gemacht werden?»

Lindo kratzte sich am Kopf. «Ich weiß nicht, wieviel Arbeit die im Steinbruch haben. Am besten wär's, du organisierst irgendwen, der das Dach abdeckt, den Dachstuhl anfertigt. Und ich komme dann, um die Platten daraufzulegen.»

Irgendwen organisieren. Irgendwen, der möglichst postwendend und nicht dopodomani kommt.

Wer's nicht glaubt, wie schwierig das ist, soll's am besten selbst versuchen.

Und unterdessen regnete es weiter. Lindo hatte einige Plastikstücke über die lecke Stelle gespannt. Das Wasser rann nun aber irgendwo anders herein. Susi verlegte ihre Schlafstätte ins Wohnzimmer.

Dann kam der Morgen, wo die Wände in meinem Schlafzimmer feucht waren. Das Wasser hatte noch einen weiteren Weg gefunden.

Zuerst Susis Zimmer, dann mein untendran liegendes Zimmer.

Unter diesem liegt die Küche.

Dort wurde ein paar Tage später der Reis naß, und der Zucker naß – und einfach alles naß.

Ein grauer Schimmelbelag überzog bald die Decke, die Wände. Ich begann, neben der verstärkten Suche nach irgendwem, mich auch nach einer neuen provisorischen Behausung umzusehen.

Das Pfarrhaus, das ein Freund von uns gemietet hatte, war unsere Rettung. Dort gab es vier Schlafzimmer, die im Moment niemand brauchte. Die Küche des Pfarrhauses hatte mir schon als

Schreibstube gedient, als ich für mein Fotobuch einen C. ..t viel Platz für eine Auslegeordnung von Fotografien gebraucht hatte.

Und meine Familie war meine Rettung. Mein um achtzehn Jahre jüngerer Stiefbruder Luzi, eigentlich Maschinenkonstrukteur, hat seit ein paar Jahren zusammen mit meinem Schwager Bruno, der Schreiner und Zimmermann ist, eine Baufirma. Sie sind spezialisiert auf Umbauten, auf ganz gute Isolationen, auf neuartige Heizsysteme, die umweltfreundlich sind. Sie schafften es, ihre laufenden Arbeiten so einzuteilen, daß sie zwischendurch die Reparatur an meinem Häuschen durchführen konnten.

Falls Lindo uns nicht im Stich ließ, war dies nun eine Angelegenheit von vier, fünf Wochen. Und damit konnte ich gleichzeitig bereits eine Etappe meines geplanten Hausumbaus abschließen.

Wunderbar. Das ging ja wie geschmiert.

* * *

Mein geplanter Hausumbau. Am zwölften Mai war es drei Jahre her, daß ich ein Projekt eingereicht hatte. Das bestehende Wohnzimmer sollte vergrößert werden. In einem neuen Hausteil sollten außerdem eine Küche, eine Webstube, ein

10

Raum für das Waschen und Färben von Wolle untergebracht werden. Weben, Waschen, Färben – verschiedene Leute würden das tun, und die sollten auch im Haus schlafen können.

Die Leidensgeschichte dieses Bauprojekts zu schildern, ist langweilig. Mein Haus liegt in der Grünzone. Da darf man wohl bestehende Häuser vergrößern. Aber nur ein bißchen. Dieses Gesetz hat gewiß für den Bau von Ferienhäusern seine Berechtigung. Aber bei mir sollen ja nicht Ferien gemacht werden. Wir wollten hier arbeiten, hier wohnen, hier den Garten und die Tiere pflegen, den sich immer weiter ausbreitenden Haselwald in Schranken halten – Landschaftsgärtner sein.

Zweimal wurde mein Gesuch abgelehnt. Es gab Rekurse, Konferenzen. Zwei junge Männer des Baudepartementes kamen in feinen Halbschuhen mitten im Winter, um das Gelände, das Haus zu fotografieren – und versuchten Susi weiszumachen, sie sei total verrückt, an einem derart gottverlassenen Ort auch im Winter wohnen zu wollen. Susi erzählte es mir wutentbrannt, als ich nach Hause kam. Schade, daß die Herren ihren Besuch nicht angemeldet hatten. Einer, berichtete Susi, sei auf dem Weg ausgerutscht und hingefallen. Recht sei ihm geschehen!

Schließlich erfuhr ich, daß mein Gesuch nun

bewilligt worden sei. Bloß jenes Büro, das über die Ästhetik eines Projektes entscheidet, habe nun noch seinen Segen zu geben.

So standen die Dinge, als das Dach undicht wurde.

***

Luzi und Bruno rückten an. Mit vielen Baumaschinen, mit einer durch einen Benzinmotor getriebenen Seilbahnanlage. Mit ungeheurem Arbeitseifer und viel Spucke, die sie auf ihre Hände zu applizieren gedachten.

Frage Nummer eins war, wohin wir die Möbel, die unzähligen Bücher, die Kleider, Koffer, die vielen Fotos und Negative und was sich so alles in zwei Schlafzimmern sammelt, versorgen sollten, bis das Dach neu gefertigt und gedeckt war.

Bruno hatte eine Glanzidee: «Wir packen alles in dein Schwimmbad, überdecken es mit einem Bretterboden. Obendrauf stellen wir eine Baubaracke, in der du gleich auch noch dein Schlafzimmer einrichten kannst.»

Ich hatte von Anfang an erklärt, daß ich nicht weg von den Tieren, nicht vom Haus weg wollte, auch wenn es nicht mehr bewohnbar war.

Jenes Schwimmbad – besser würde man sagen Schwimmbädlein – 6 x 4 Meter groß – hatte ich vor etlichen Jahren gebaut. Ich hatte vorher einen Sommer auf dem Monte Valdo ohne Wasser verbracht und mir selbst damals ein Schwimmbad versprochen. Selbst benütze ich es nie, aber es ist die Freude und Wonne vieler meiner Haus- und Dorfgenossen. Ich habe nicht gezählt, wieviele Kinder darin schon schwimmen gelernt haben. Nun erfüllte es einen neuen Zweck.

Innert kürzester Zeit war es angefüllt mit all unsern Habseligkeiten. Bloß die Betten, außer meinem, die wanderten mit der Seilbahn talwärts und ins Pfarrhaus, das meinem Haus genau gegenüber auf der andern Flußseite liegt.

Dann wurden die Dachplatten abgehoben. Der morsche Dachstuhl kam zum Vorschein. Susi schaute den Männern wehmütig zu. Ihr tat es leid um ihr winziges Zimmer. Zu dritt hatten sie dort oben oft gehaust. Rechts ein Bett, links ein Bett, in der Mitte die ausgehängte Zimmertüre, die auf den beiden andern Betten auflag. Eine Matratze drauf. Sardinenbetrieb.

Mein Barackenzimmer war für mich wie der Hochsitz eines Jägers. Das Dach war bedeckt mit durchsichtigem Plastik, das Dreieck des Giebels war beidseitig offen. Der Bretterfußboden, die Wände, alles war hell, trocken und herrlich nach dem feuchten, dunklen Raum, in dem ich beinah zehn Jahre lang geschlafen hatte. Mit Hilfe von Kabelrollen wollten Susi und Luzi sogar noch elektrisches Licht installieren. Das aber brauchte ich gar nicht. Ich war abends so todmüde, daß ich nicht einmal mehr lesen mochte.

Meine Katzen genossen die neue Unterkunft ebenso. Sie hatten schon am ersten Abend herausgefunden, daß sie hier ohne die Formalität des Miauens und Türkratzens ein- und ausgehen konnten wie sie wollten. Bruno hatte für sie eine Öffnung gelassen – ein Katzentürchen. So groß, daß auch Bona, mein Hund, es benutzen konnte. Das hatte einen großen Vorteil: Meine luftige Villa hatte keine verschließbare Türe. Da schläft man besser, wenn man einen wachsamen Hund zur Seite hat. Wobei meine Tiere mich auf ganz spezielle Art bewachten:

Mein kleiner weißer Schnurrlikater legte sich meist neben meinem Gesicht schlafen. Er war es, der als erster knurrte, wenn irgend ein unbekanntes Geräusch ihn störte. Durch sein Knurren erwachte erst mal ich. Verstärkte er seine Warnung, so erwachte Bona, sprang von ihrem Bett, kroch durch die Katzentür und bellte so laut, daß sie jeden Eindringling, mochte das nun ein Fuchs, eine fremde Katze, ein Wiesel – oder ein Mensch sein, in die Flucht schlug.

Einige Nächte nach unserem Umzug geschah es,

daß sie, ohne daß Schnurrli geknurrt hätte, mitten im Zimmer saß und jaulte und heulte. Das durchs Plastikdach einfallende Licht zeigte mir ihre Konturen mit dem hoch aufgerichteten Kopf. Der Mond! Bona hatte in ihrem bald zehnjährigen Hundeleben noch nie im Mondlicht geschlafen. Ob das ihr Angst machte? Ob das wölfische Erbe in ihrem Blut wach wurde? Meine Bona – und wölfisch: absurd. Ich rief sie zu mir, streichelte sie, schlief ein – schlief dann offenbar auch, als sie weiter ihr Klagelied sang. Emilia wollte tags darauf wissen, was denn mit meinem armen Hund passiert sei. Die ganze Nacht habe er gejault. Früher, in der Stadt, da hatte ich oft Schlafmittel nehmen müssen, um nicht die ganze Nacht lang wachzuliegen und zu grübeln. Hier schlief ich selig, auch neben einem heulenden Hund.

Was ich beim Erwachen genoß, waren die vielfältigen Geräusche der Morgendämmerung. Die Enten schnatterten ganz, ganz leise. Sie flüsterten sozusagen auf Entisch, als ob sie einander – so schien es mir immer – Geschichten erzählten. Die Truthähne kollerten offenbar bloß, wenn irgend etwas sie störte. Oft hörte ich ihr glu-glu – und ein paar Sekunden später kam eine Katze ins Zimmer.

Wenn ich den Hahn zum erstenmal krähen

15

hörte, wußte ich, daß ich mich nochmals umdrehen und ein bißchen weiterträumen durfte.

Träumen vom neuen Haus …

***

Die Leser, die meine früheren Bücher kennen, mögen mir verzeihen, wenn ich – sozusagen für neue Bekannte – erkläre, wie wir bis anhin wohnten:

In einem wild zerklüfteten Tessiner Tal, in einem windschiefen kleinen Haus mit beinahe meterdicken Mauern, gefügt aus rohen Bruchsteinen, mit Steinplatten-gedecktem Dach. Ein Haus, das ursprünglich ein Stall gewesen war. Im Ziegenstall war die Küche entstanden, im Heustall ein Schlafzimmer, im Dachstock waren früher Kaninchen, bei mir Gäste, untergebracht. Der vorherige Besitzer hatte auch einen Wohnraum und eine Dusche angebaut, und ich brachte schließlich noch die bergseits gelegene Treppe durch eine Glaswand ins Innere des Hauses. Vom Wohnraum in die Küche führte eine Treppe außerhalb des Hauses. Und untendrin war noch ein Keller mit jahraus, jahrein gleichmäßiger Kühle.

Eigentlich hatte ich beim Kauf des Hauses geplant, hier allein zu wohnen. Allein, nur mit gele-

16

gentlichen Besuchern, für die das Kaninchenstall-Schlafzimmer gedacht war. Und im Wohnzimmer war das Sofa so, daß dort zwei weitere provisorische Schlafstellen geschaffen werden konnten.

Dann war vor viereinhalb Jahren die damals zweiundzwanzigjährige Susi zu mir gekommen mit der Absicht, drei Monate hier zu verbringen. Und es waren andere gekommen, für längere Zeit meist. In der Mehrzahl waren es junge Mädchen, hie und da auch Burschen.

Susi hat inzwischen eine eigene Existenzmöglichkeit gefunden: eine vergammelte Fischzucht, die sie nun seit zwei Jahren betreibt. Marco begann Land zu roden, um einen biologischen Gärtnereibetrieb aufzubauen. Erst war er allein, dann kamen Paul und Regula dazu.

Es kamen auch zwei, drei solche, die nach ein paar Monaten wieder zurückkehrten in die Stadt. Die hatten vom Landleben geträumt – und auch hier Fünftagewoche und genau berechneten Stundenlohn erwartet. All diesen Träumern rate ich dringend, lieber weiter zu träumen – und es beim Träumen zu belassen. Derselbe Rat gilt jenen, die glauben, man könne ohne jegliche Vor- und Ausbildung erfolgreich einen Garten bebauen oder Tiere pflegen – und davon leben. Mit Grauen denke ich zum Beispiel an jenes junge Paar, das die

Schafpflege im Gemeinschaftsstall des Dorfes
übernommen hatte und mich verzweifelt zu Hilfe
rief, weil eine Schafmama sich zu Recht weigerte,
sich die Nachgeburt wieder in den Leib stopfen zu
lassen!

* * *

Aber zurück zu unserem Haus: Es war zu klein
geworden, viel zu klein. Bei schönem Wetter ging
es noch, da konnten wir meist auch im Winter
zum Mittagessen im Garten unterm Nußbaum
sitzen. Aber abends und morgens, da gab es ein
fürchterliches Gedränge. Vier, fünf Leute hausten
auf dem Platz, der für eine Person groß genug war.
In einem einzigen Wandschrank mußten alle Kleider versorgt werden. Was man nicht brauchte,
wurde in Koffern verstaut, die man ihrerseits unter die Betten schob. Und dazu Bücher und Strick-
arbeiten und ein paar Spinnräder und Musikin-
strumente, ein Plattenspieler und ein Hund und
sieben Katzen und oft beim Ofen noch ein pflege-
bedürftiges Lamm oder Zicklein. Irgendwer, ich
glaube es war Fränzi, bezeichnete den Zustand, in
dem sich unser Haus befand, als Puff. Und wenn
es einfach beim besten Willen keine Möglichkeit
gibt, Ordnung zu machen, weil Schränke fehlen,

dann ist das ein Superdoppeldauerpuff. Und genau das hatten wir. Jahrelang! Wer sich durch diesen Ausdruck geschockt fühlt: er bezog sich ausschließlich auf unser Durcheinander. An Amoralisches zu denken, lag Fränzi fern.

Meine Bücher schrieb ich im Wohn-, Eß-, Spiel-, Musik-, Schreib-, Schlaf- und Arbeitszimmer am Eß-, Spiel-, Schreib- und Arbeitstisch, der raumbedingt nur so groß war, daß sechs Personen bequem daran sitzen konnten.

Nimmt es mir jemand übel, wenn ich begann, von Schränken, von vielen, vielen Schränken zu träumen? Von einem Ort, wo ich meine Bücher stapeln konnte, die ich für irgend eine Arbeit zur Hand haben wollte, ohne sie mühsam im ganzen Haus wieder zusammenzusuchen, weil zum Beispiel Fränzi ein Kochrezept ausprobieren wollte oder Susi sich zum Beispiel für die Geschichte des Spinnrades interessierte und jenes Buch zu sich genommen hatte. Wo meine Manuskripte liegenblieben, wie ich sie hinlegte. Jetzt noch liegt mir jener Schreck in den Knochen, als ich das halbfertige Manuskript meines vierten oder fünften Buches stundenlang suchte und schließlich unter einem Stapel alter Zeitungen fand.

Ferner träumte ich von einem Wohnzimmer, in dem man wirklich wohnen konnte. Mit einem

Kamin, dessen Feuer brannte, ohne zu rauchen. Mit einem Fußboden, der so pflegeleicht war, daß man es wagen durfte, auch mal mit Gummistiefeln hereinzukommen, daß gelegentliche Lämmchenpipis keine nicht mehr zu entfernenden Flecken verursachten. Mit einem Fußboden auch, der so warm war, daß man zur Winterszeit die Füße darauf halten konnte, ohne – ein bißchen übertrieben gesagt – daran festzufrieren. Auch der auf höchster Stufe eingeschaltete Ölofen vermochte es nämlich nicht, die Fußbodenwärme auf mehr als acht Grad zu bringen, wenn draußen die Temperatur unter dem Gefrierpunkt lag.

Und dann hatte ich noch einen Traum. Wer weiß, wie es zugeht, wenn morgens fünf, sechs Personen sich in ein einziges Klo teilen müssen, in dem auch noch die einzige Waschgelegenheit ist, kann ihn erahnen: genügend sanitäre Einrichtungen für alle, und ein Klo, einen Waschtisch und eine Dusche für mich allein!

Und dann gab es noch den Traum von der Küche, die innen im Haus war. Jener Traum keimte in der Winternacht, in der ich nach Jahren zum ersten Mal allein war und ausgerechnet dann eine Gallenkolik erlitt. Ich wußte, daß viel Kamillentee mir helfen würde, und daß ich heiße Umschläge machen sollte. Aber gehe mal einer im Pyjama hinaus in die Hundekälte und den Schnee, um sich Tee zu kochen und sich gleichzeitig vor Schmerz zu winden. Umschläge zu machen war unmöglich, denn auch im ungeheizten Gang war die Temperatur um den Gefrierpunkt herum. Bis ich im Bett war, waren die Tücher wieder kalt. Schließlich half ich mir mit ein paar Wärmeflaschen, die ich am Morgen zu Eisklumpen gefroren neben dem Bett fand! Der eine oder andere mag jetzt denken, daß ich übertreibe und dramatisiere. Ich schwöre, es war genau so!

Die Küche mußte einen Holzherd haben. Was nützt einem die schönste elektrische Kochgelegenheit, wenn Stromunterbrüche – wie bei uns – an der Tagesordnung sind? Die Küche mußte praktisch sein. Mir scheint es sinnvoller, tägliche Haushaltarbeiten so rationell wie möglich zu verrichten und damit mehr Zeit für kreative Arbeiten zu gewinnen.

Von einem Arbeitsraum träumte ich, wo wir einen oder lieber zwei Webstühle aufstellen konnten, und von einem Arbeitstisch, auf dem eine Nähmaschine Platz hatte, wo man zeichnen, entwerfen, malen konnte. Beim einen oder andern meiner Hausgenossen hatte ich Talente entdeckt, die weiterschlummern mußten, weil uns der Platz für jegliche Arbeiten fehlte. Das war schade. Jammerschade. Hier, wo man im Winter wenig Gelegenheit hat, sich außerhalb des Wohnraumes zu betätigen, brauchte man unbedingt Arbeitsmöglichkeiten im Haus drin.

In einem Haus, in dem mehrere Personen wohnen, die zudem Landarbeit machen und infolgedessen ihre Kleider oft wechseln müssen, braucht man auch eine Waschküche. Und in der Waschküche könnte man gleichzeitig Wolle waschen. Die Wolle der hiesigen Schafe. Und dann die Wolle färben mit den Pflanzen, die sich hier in Wiesen, Feldern und Wäldern finden. Jene Wolle dann zu spinnen, zu weben, zu stricken, das war mein Traum. Bei mir konnte man dann also von der Geburtshilfe beim Schaf bis zum fertigen Pullover oder zur Decke und zum Teppich den Werdegang der Wolle erleben. Ich gebe es gerne zu, daß ich textilverrückt bin. Schönes natürliches Material mit schönen natürlichen Farben gefärbt und in Handarbeit weiter veredelt: da flippe ich aus! Soll man meinetwegen über mich lächeln: ich wünschte jedem das Gefühl großer Befriedigung, das ich hatte, als ich in mühsamer und umständlicher Arbeit meinen ersten selbstgefärbten, selbstgesponnenen und selbstgestrickten Pullover vom ersten bei mir geborenen Schaf über den Kopf zog!

Dann träumte ich noch das Träumlein von der Töpferei – aber das würde wohl immer mein Träumlein bleiben.

Ich hatte meine Träume lang und breit ausgearbeitet, aufgeschrieben, einem Architekten unterbreitet. Ein gewisses Bauvolumen würde man mir zugestehen – aber doch nicht zuviel. Denn wenn ich Wolle verarbeiten wollte, brauchte ich auch noch Lagerräume für diese. Und ob ich wohl eine Ahnung habe, wieviel ein derartiges Haus kosten würde???

* * *

Der Architekt hatte Volumenberechnungen gemacht und Kostenberechnungen. Wir stellten Vergleiche an. Das Haus kostete gerade so viel, daß ich es mir leisten konnte, ohne mich in fürchterliche Schulden zu stürzen.

Wir leben an sich bescheiden. Wenn wir praktischer wohnen konnten, würden sich unsere Unterhaltskosten noch um etliches senken. Als ich aufatmete, weil ich hörte, nun sei «nur» noch die Hürde des Ästethik-Büros zu nehmen, hatte ich noch keine Ahnung, welch großes Hindernis da noch vor mir lag. Ich war genau wie ein Bergsteiger, der einen Gipfel sieht und meint, dieser sei sein erstrebtes Ziel. Ist er dann auf jenem Gipfel, merkt er, daß der Ort, zu dem er eigentlich hin will, hinter der nächsten oder auch übernächsten Anhöhe liegen muß.

Ein paarmal war ich soweit, daß ich sehnsüchtig Inserate las, wo Bauerngüter in Neuseeland oder Kanada angeboten wurden. Dort zum Beispiel konnte ich auch Schafe züchten, meinen Wollverarbeitungstraum verwirklichen, wahrscheinlich ohne einen derartigen Hürdenlauf über Vorschriften und Behörden und Ämter absolvieren zu müssen. Aber hier auf diesem steinigen Fleck Erde war so viel von meinem Schweiß drin, da waren die Erinnerungen an Menschen, auch an Tiere. Da waren tausend winzige Geheimnisse, die ich in den Jahren meines Hierseins ergründet hatte. Ich wußte ein paar Orte, wo Lerchen nisteten, wo der Türkenbund blühte und Sonnentau. Und dann das wichtigste: Hier hatte ich Freunde. Emilia zum Beispiel. Oder Odivio. Oder Olimpio. Oder Rina. Oder Susi.

Und überhaupt: Ich hatte mich einst mit dem Gedanken eingenistet, hier zu bleiben. Ich hatte meine Wurzeln zu tief in diese Erde und zwischen ihre Steine gesenkt. Ich wollte dableiben. Nur hier und sonst nirgends auf der Welt. Allen Schwierigkeiten zum Trotz.

***

Bruno war daran, die Bestellung für die neuen Balken des zu reparierenden Dachstuhls zusammenzustellen, als das Bautenschönheitsbüro mir mitteilte, ich müsse mein eingereichtes und generell bewilligtes Projekt ändern. Ändern in dem Sinn, daß der Giebel des bestehenden Hausteils, der seit mehr als hundert Jahren von Osten nach Westen gerichtet war, dann von Süden nach Norden schaute.

Meine Idee war es gewesen, an jenes Haus den neuen Teil anzuhängen, dessen Giebel in dieselbe Richtung wie der bestehende schaute und damit das nachahmte, was hierzulande üblich ist und von weitem ausschaut wie aneinandergereihte Dreiecke.

In unserem Dorf gibt es Beispiele, daß einigen Ost-West-Giebeln ein Süd-Nord-Giebel folgt. Also planten der Architekt und ich dasselbe mit jenem neuen Hausteil, in dem die Arbeitsräume untergebracht werden sollten.

Das sei nicht schön, beschlossen jene, die etwas von Ästhetik verstehen, und verlangten also eine Drehung des vordersten, bestehenden Giebels. Damit wurde das Ganze T-förmig, ein bißchen so wie eine Kirche mit einem zu kurz geratenen Mittelschiff und einem zu breiten Chor.

Ich unterließ es, zu diskutieren. Wenn ich die

Fertigstellung meines Hauses je erleben wollte, mußte ich gehorchen. Basta! Das heißt mit andern Worten, daß der Architekt ein neues Projekt erst zeichnen, dann einreichen, und es dann den Weg durch alle Büros und Ämter nochmals machen mußte.

* * *

An meine neue Unterkunft in der Baracke hatte ich mich gewöhnt. Die Mauern des Erdgeschosses und ersten Stockes des armen Häuschens standen noch. Die Küche funktionierte, war abgedeckt mit unzähligen Plastiktüchern «infolge Feuchte». Das Klo funktionierte noch, das Wohnzimmer mehr oder weniger.

Da überlief die Sickergrube. Die Abwasser von Klo und Küche flossen als äußerst übelriechendes Bächlein talwärts, dem Fluß zu. Dem Fluß, dessen glasklares Wasser ich so liebe.

Die Sickergrube hatte ihre Funktion bisher erfüllt, auch wenn noch so viele Leute hier waren – und nun stellte sich plötzlich heraus, daß sie irreparabel war.

Eine Mühsal kommt selten allein.

Aber der Neubau einer Sickergrube dürfte doch wohl erlaubt sein, wenn auch die restliche Baubewilligung noch nicht vorlag. Luzi pilgerte nach Bellinzona, um sich zu erkundigen. Er kam nach Hause mit einer Bestätigung, daß jenes Amt bereits im September 1978 seine Zustimmung zu meinem geplanten Abwassersystem gegeben hatte: eine zwölf Kubikmeter große biologische Grube. Grube ist das falsche Wort: eine Kugel mit dem Durchmesser von drei Komma fünf Metern, vierhundertfünfzig Kilogramm schwer. Eine Kugel zudem, die natürlich in der Erde versenkt werden mußte. In Erde, die aus viel mehr Steinen als Humus bestand!

Erst mußte Bruno sprengen.

Erst mußte ein provisorisches Plumpsklo gebaut werden.

Erst mußte zum Bohren der Sprenglöcher ein Kompressor her.

Und dann mußte ein Bagger den Aushub machen, denn wir fanden einfach keine Arbeitskräfte, die diese Arbeit hätten mit Pickel und Schaufel ausführen können.

Auf welch ein Abenteuer hatte ich mich da eingelassen?

Es gibt Firmen, die Kompressoren vermieten. Er wurde mit einem Lastwagen gebracht, mit einem Kran heruntergehoben. Das Ding war hundertzehn Zentimeter breit und gegen eine Tonne schwer.

Unsere Brücke ist genau zehn Zentimeter schmäler.

Preisfrage: Wie rollt man eine derart schwere Maschine über eine Brücke, die schmäler ist?

Luzi und Bruno hatten sich darüber selbstverständlich ihre Gedanken gemacht und waren zu einer für meinen Begriff genialen Lösung gekommen:

Aus quergelegten, am schrägen Brückengeländer fixierten Brettern bauten sie eine Auffahrtsrampe. Das Zugseil der Seilbahn wurde angehängt. Oben auf dem Geländer angelangt, wurde der Kompressor auf quergelegten Brettern vorgezogen. Die Männer nahmen die Bretter hinten weg, setzten sie vorne dran, hinten weg, vorne dran. Sie schoben und zogen – und im hui war das Ungeheuer am andern Brückenende. Hier gab's die Abfahrtsrampe. Uff. Ich seufzte auf. Dann wurde der Kompressor mit dem Zug der Seilbahn über Stock und Steine – große Steine – zur Baustelle hochgezogen.

Ich bin zwar alles andere als ein ängstlicher Mensch. Aber mir auszumalen, welche verschiedenartigen Möglichkeiten von Unfällen dieser Transport in sich barg, ließ mir die Haare zu Berge stehen. Ich überlegte mir, welcher Heilige wohl der Schutzpatron der Bauarbeiter sei ...

Weil Bruno Zimmermann ist, dachte ich an den Heiligen Josef. Aber welcher war für Luzi zuständig?

* * *

Ratratratratrat. Der Kompressor brummte. Bruno bereitete seine erste Sprengung vor. Ich durchlitt Höllenqualen. Wenn eine der Katzen von einem Stein getroffen wurde? Ich hatte nirgends mehr einen Raum, den ich zusperren konnte. Meine weiße Tintinkatze, die taub ist, war fasziniert vom Vibrieren des Kompressors und trieb sich ständig irgendwo in dessen Nähe herum. Es durfte ihr so wenig geschehen, wie allen andern. Seitdem ich weg von der Stadt war: niemals bin ich je so nervös gewesen wie während der Zeit der Bohrungen und Sprengungen.

Nervös waren auch die Hunde. Beide zitterten wie Espenlaub, wenn Bruno die drei langgezogenen Warnpfiffe abgab. Sie wußten, daß kurz darauf eine Detonation erfolgte, die ihren empfindlichen Ohren weh tun mußte.

Seit einiger Zeit war Bona nämlich nicht mehr allein Hund im Haus. Susi hatte Bonas Sohn Tasso zu sich genommen, weil dessen Besitzer ihn hatte töten lassen wollen. Tasso, schwarzweiß-rot gefleckt, mit denselben Schlappohren wie Bona, ist ein äußerst ängstlicher Hund. Sozusagen ein Psychohund. Am meisten fürchtet er Lärm.

Wumm. Die Steine flogen hoch in die Luft, rissen Wunden in die Bäume. Ein Felsbrocken war so groß, daß es eine enorm starke Ladung brauchte, um ihn zu zerkleinern. Wir stellten uns überall an den strategischen Punkten auf, um etwaige Wanderer zu warnen. Die drei Pfiffe, atemlose Pause, Krachen. Bis übers Flußufer flogen diesmal die Splitter. Ich seufzte auf. Diesmal, so hatte mir Bruno versprochen, diesmal sei es endgültig die letzte Sprengung.

Und mit ihr stürzte die hintere Hausmauer ein, zerbrach die Wohnzimmermauer, die, so stellte sich nun heraus, bloß aus Bruchsteinen und ein bißchen Verputz bestanden hatte. Von meinem armen Häuschen standen nun noch drei Außenmauern und die Küche. Fertig. Sozusagen gab es nun einen Neubau, für welchen die Erlaubnis zur Erstellung der Sickergrube vorlag.

Sonst nichts.

Aber immerhin das.

Wie schon oft, war ich eigentlich versucht, schlaflose Nächte zu haben. Aber wenn meine beiden Bauspezialisten schon das Kompressor-

Problem gelöst hatten, würden sie auch ihre genauen Vorstellungen bezüglich der Riesenkugel haben.

Erst kam der Bagger. Er fuhr vom Lastwagen herunter, über die Böschung, dann durchs Wasser. Zum Glück war zu jenem Zeitpunkt der Wasserstand sehr niedrig. Und zum Glück sind die Ufer dort relativ flach. Der Bagger kroch wie ein Urwelttier über die Wiese, dann bergauf. Mir tat es weh, wie seine Raupen den dünnen Grasteppich durchpflügten. Er fuhr über ein paar Haselstauden, die er einfach in die Mitte der Raupen nahm. Die Steine knirschten und schrien.

Meine Nase ist Benzingestank nicht mehr gewöhnt. Der Bagger tat mir weh. Aber er hob Stein um Stein weg. Dort wo der Anbau hinkommen sollte, entstand in den Abhang hineingegraben ein ebener Platz. Die Kugel sollte am Rand des Platzes hinkommen und dann mit dem Aushubmaterial umgeben werden.

Eines Morgens wurde sie gebracht, lag wie ein immenser Fußball bei der Seilbahn. Bruno hatte vor, den Wagen der Bahn zu demontieren und die Kugel direkt an den Tragschlitten zu binden. Ich stand zitternd oben beim Haus, sah dort unten gestikulierende Neugierige, Bruno, der auf die Kugel kletterte ... Plötzlich bewegte sie sich, rollte die Böschung gegen den Fluß hinunter, plumpste ins Wasser und blieb in der Flußmitte liegen.

Ärgern könnte ich mich, grün und blau ärgern, daß ich keinen Film und keinen Fotoapparat zur Hand hatte, um dieses Ereignis im Bild festzuhalten.

Zum Glück war der Bagger da. Er unterbrach seine Arbeit, fuhr wieder hinunter, in den Fluß, hob die Kugel auf seine Schaufel. Was, wenn dies mißlungen wäre, die Kugel im Fluß weiter bergab gerollt und defekt geworden wäre? Das Ding war nicht nur groß und schwer. Es hatte auch eine ganz ordentliche Stange Geld gekostet.

Der Bagger schaffte es aber. Bruno kletterte von der Brücke aus auf die Kugel, turnte an ihr herum. Wie er es gemacht hat, weiß ich nicht, aber irgendwie schaffte er es nun doch, sie so an die Seilbahn zu hängen, daß sie festhielt. Sie wurde hochgezogen, hing wie ein Riesenlampion erst über, dann zwischen den Bäumen. Der Bagger nahm sie mit seiner Schaufel wiederum in Empfang und legte sie an ihrem endgültigen Standort nieder. Dann schob er Erde und Gestein ringsum. Ich glaube, nicht nur ich, alle, die diesem Transport zugeschaut hatten – und es waren eine ganze Menge – seufzten auf.

Bruno überlegte sich, ob er – aus Jux natürlich – das alte Klo nun oben auf der Sickergrube hinstellen und diese dann mit allen möglichen Feierlichkeiten einweihen wollte.

Ich zog aber unser provisorisches Klo vor. Das stand etwa fünfzig Meter vom Haus entfernt in einem kleinen Bachtobel. Rückwand war der alte Duschvorhang. Die Wasserspülung mußte man mittels eines Kessels Wasser, den man von der Küche her mittrug, selbst besorgen. Großer Vorteil dieses Systems: einer, der mit dem Wasserkessel durch die Gegend wanderte, ging allen sichtbar aufs Klo – und war dort dementsprechend ungestört!

Ich war nun wohl die Sorge um die Sickergrube los – an ihre Stelle war eine andere gerückt: Durch die Grabung des Baggers war ein etwa acht Meter hoher Steilhang entstanden. Ein Beinahe-Senkrecht-Steilhang. Es waren wohl viele große Steine darin, was aber, wenn nun ein starker Regen einsetzte und alles hinunterschwemmte?

Was dann geschehen würde, sah ich am nächsten Tag, einem Freitag. Erst war ein Gewitter niedergegangen, dann hatte sich der Gewitterregen in einen Landregen gewandelt. Es goß derart, daß meine Bauleute beschlossen, schon am Mittag nach Hause zu gehen.

In meiner Baracke zu sein, wenn es derart regnete, war ein ganz besonderer Genuß. Ich kam mir vor wie in einem winzig kleinen, behaglichen Nest. Hunde und Katzen hockten um mich herum. Der Regen trommelte aufs Plastikdach.

Allmählich begann aber im «Klotobel» ein Rinnsal zu rinnen, das immer größer und größer wurde. Auch auf der andern Seite des Hauses, dort wo wir den Ententeich haben, begann es zu plätschern. Ich war wieder einmal eingeschlossen von zwei Bächen, denn unser Haus liegt auf einer Rippe. Nun mußte ich den Drahtzaun des Entengeheges unten öffnen, damit mir meine Tiere nicht vom immer reißender werdenden Bach weggeschwemmt würden. Und das Klo wurde nun vollautomatisch verkehrt durch Wasser gespült. Das Wasser drang von oben herkommend unten in die Schüssel und floß oben wieder heraus. Gratis-Generalreinigung.

Das Wasser riß auch die Erde zwischen den Steinen am ausgehobenen Hang weg, riß ein Stück der Laderampe der Seilbahn mit; schließlich begann es das Fundament des Hauses zu unterspülen. Ich hoffte, daß die Steine nicht nachrutschen würden. Nur Erde ohne Steine wegschaufeln ist schließlich nicht sehr mühsam. Aber einen Vorteil hatte das Ganze: nun war so viel Gelände freigeschwemmt worden, daß wir, ohne daß deswegen die Außenmaße des Hauses auch nur um einen

Zentimeter geändert würden, auch das Keramik-
atelier einplanen konnten. Der Architekt hatte auf
jenem Raum Felsen vermutet, die man nicht hätte
wegschaffen können.

Dies war der Vorteil des Regens.

Bruno und Luzi machten am Montag, als sie
unsere frisch gewaschene und gespülte Baustelle
besichtigten, bedenkliche Gesichter. Einmal war
das nun glimpflich abgelaufen. Nun aber mußten
wir dringend eine Stützmauer bauen, um weiteres
Abrutschen zu verhindern.

Darf man eine Stützmauer bauen, auch wenn
man keine Baubewilligung hat?

«Ist doch logisch, daß man das darf», behauptete Bruno. «Dies ist ein Notfall.»

Vorsichtshalber versuchte ich durch etliche
Telefonate herauszufinden, auf welchem Amt sich
mein Baugesuch befinde. Es war wieder beim Amt
für die Schönheit der Bauten – und der zuständige
Beamte war in den Ferien.

«Wenn wir warten, bis der Mann heimkehrt,
schwemmt uns das nächste Gewitter den ganzen
Hang mitsamt dem Rest des Hauses und der
Sickergrube in den Fluß.»

«Also los, dann bauen wir unsere Stützmauer
eben.»

Das war ein einstimmiger Beschluß.

Jene Mauer bildet gleichzeitig die hintere Hausfront. Sie mußte aus fünfunddreißig Zentimeter dickem Beton − armiertem Beton − gebaut, außen mit wasserabstoßender Teerfarbe gestrichen, mit Sickerplatten und einem Sickerrohr versehen werden, damit alle Feuchtigkeit vom Haus abgehalten wird.

Die Schar unserer Hausgenossen hatte sich inzwischen vergrößert.

Heidi, die die Hälfte eines ganzjährigen Praktikums hinter sich hatte, kam von ihren Ferien zurück. Drei weitere junge Mädchen, Renate, genannt Reni, Gabriela und Isabel hatten schon vor langer Zeit darum gebeten, den Sommer bei uns verbringen zu dürfen. Alle kamen, weil sie sich für landwirtschaftliche Arbeiten, für Kochen, für die Arbeit in unserem Lädeli interessierten. Sie ahnten so wenig wie ich, wie aufregend dieser Sommer werden würde.

Für den Bau der Mauer brauchten wir aber noch männliche Hilfen. Luzi brachte den Maurer Wisi mitsamt dessen Frau Marianne und dem Baby Isabelle mit. Bruno bat abwechslungsweise den einen oder andern Burschen seines Dorfes um Mithilfe, und schließlich stießen noch zwei jugoslawische Fremdarbeiter zu uns. Der eine war wenig über zwanzig Jahre alt, ein drahtiger, fixer

Bursch, hübsch anzusehen, aber mit fürchterlich schlechten Zähnen. Er hieß Ferid. Der andere war mit Ferid irgendwie verwandt. Möglicherweise sein Onkel. Alles an ihm war grau, greisenhaft, alt. Sein Name war Semo.

Susi, Heidi, Reni, Gabriela, Isabel, Luzi, Bruno, Wisi, Marianne, Isabelle, Brunos Helfer John, Ferid, Semo, ich. Vierzehn Leute groß war nun unsere Familie. Außer mir schliefen sie alle im Pfarrhaus. Glück hatten wir, daß das Wetter uns gut gesinnt war, denn außer dem Tisch im Garten hatten wir keine Eßmöglichkeiten für eine derartige Schar von Leuten. Hie und da allerdings regnete es natürlich. Dann schoben wir das Baby Isabelle in seinem Stühlchen kurzerhand unter den Steintisch — und wir blieben stoisch im Regen sitzen.

War man einmal naß, störte der Regen gar nicht so sehr. Bloß die Suppe wurde dann eben etwas verdünnt. Über Brot und Käse stülpten wir Pfannen.

Irgendwann anfangs August feierten wir das verrückteste Fest, das hier je gefeiert worden ist. Mit all denen, die uns besuchen kamen, waren wir über zwanzig Personen. Auf einem kleineren Steintisch richte ich dann jeweils das, was wir großartig «kaltes Buffet» nennen, in Wirklichkeit aber einfach das ist, was im Garten gerade zur Verfügung steht, mitsamt den entsprechenden Saucen. Eine aufgeschnittene Salami, Brot, Butter, Käse. Jeder häuft sich das auf den Teller, was ihn am meisten gelüstet, setzt sich irgendwo auf eine Treppe, auf ein Mäuerchen.

Hansjörg war da. Hansjörg hat – außer daß er ein ungewöhnlich lieber Mensch ist – zwei Eigenschaften, die wir enorm schätzen. Einerseits ist er Heizungsfachmann von Beruf – und das leidenschaftlich – und zweitens spielt er die Mundharmonika meisterhaft. An jenem Abend waren Gabi und Chico auch da mit ihren beiden Kindern. Gabi hatte ihre Gitarre mitgebracht. Susi holte ihr Instrument und eine Jutetasche, angefüllt mit Blockflöten, Bambusflöten, mit einer Melodica, mit einem Instrument, das wir schlicht «Gügeli» nennen. Sein richtiger Name wäre Kasoo. Es besteht aus einem metallenen Röhrchen, das oben ein mit Seidenpapier bespanntes Loch hat. Man summt eine Melodie ins Gügeli – und heraus kommt ein etwas quäkender, sozusagen ein lächerlicher Ton. Für vergnügte Musik ein herrliches Instrument für jeden, der ein bißchen musikalisch veranlagt ist. Man kann damit ein ad-hoc-Orchester «konzertreif» spielen lassen. Das taten wir denn auch. Wer nicht mit Musizieren beschäftigt war, der tanzte. Wieder einmal hatte es zu regnen begonnen.

Monika, Luzis Mutter, die zweite Frau meines Vaters, saß erst kopfschüttelnd unterm Regenschirm und hörte und schaute unserm Treiben zu. Dann entschloß sie sich, den Schirm über den Kopf haltend, mit Ferid ein Tänzchen zu drehen. Ein weiterer Regenschirm war über dem kalten Buffet aufgespannt. Tasso hatte sich in einer Ecke verkrochen, Bona kläffte irgendwo in der Gegend herum. Plötzlich rannte ein riesiger Schäferhund, verfolgt von Bona und Tasso, mitten ins tanzende, musizierende und singende Gewimmel und versuchte sich ausgerechnet auf dem mit Gläsern und Tellern bedeckten Eßtisch vor den beiden Verfolgern zu retten. Mir kam die Szene vor wie ein Ausschnitt aus einem Stummfilm. Einem Stummfilm allerdings, der hier mit unendlich vielen und sehr verschiedenen Geräuschen versehen war. Der Schäferhund – ein im ganzen Dorf gefürchtetes Tier – gehörte einem meiner Besucher. Und nun stand er mit eingezogenem Schwanz auf dem Tisch, fürchtete sich vor Bona und Tasso, zwei Tieren, von denen jeder im Dorf weiß, daß sie keiner Maus etwas zuleide tun. Zu seiner Ehrenrettung sei gesagt, daß kein einziges Glas zerbrach, auch kein Krug umstürzte. Wir spielten extra für den Hund ein weiteres Lied. Dann ließ er sich lammfromm von seinem Herrn nach Hause führen. Wir aber, wir sangen und tanzten noch lange, lange weiter. So lange, bis der Regen wieder aufhörte.

Wie oft bin ich schon froh darüber gewesen, daß wir weitab der nächsten menschlichen Behausung wohnen. Die Vorstellung gar, wiederum in eine Mietwohnung ziehen zu müssen, läßt mich schaudern. Die Gewohnheit zu lachen, zu musizieren und zu singen genau dann, wenn man dazu Lust hat, würde sich in einem Wohnblock schlecht pflegen lassen.

***

Die Männer bauten die Schalung der Mauer. Zwölf Meter lang und zwei Meter achtzig hoch mußte sie in Beton ausgeführt werden. Das waren zwölf Kubikmeter.

Wenn wir genug Arbeitskräfte hätten, könnten wir fertig gemischten Beton bestellen, dem ein Mittel zugesetzt wird, das das Hartwerden um ein paar Stunden verzögert. Eine Stunde geht für den Transport vom Kieswerk bis zu uns verloren. Dann hätten wir noch drei Stunden Zeit, um ihn mit der Seilbahn vom Abladeplatz zum Bau zu fahren, dann mit Schubkarren direkt in die Schalung zu schütten.

Die Kleinste aus unserer Mitte, das Mädchen Isabel, sechzehnjährig, schmächtig, begehrte auf: «Was heißt schon genug Arbeitskräfte. Wir sind doch auch da. Eine geht ins Lädeli als Ladenhüter, und wir andern schaufeln alle.»

Die Männer zweifelten an unseren Kräften, waren aber doch bereit, einen Versuch zu wagen. Vier Kubikmeter Beton brachte der Lastwagen. Ein Mann, zwei Frauen schaufelten unten, Heidi und Gabriela lernten, wie man die Seilbahn bedienen mußte, Reni wurde absoluter Spezialist im Öffnen des beladenen Seilbahn-Wagens, wozu es einige akrobatische Übungen brauchte. Männer bildeten die Schubkarren-Kolonne, Wisi bediente den Vibrator, jenes brummende Ding, das man in den nassen Beton hält und das bewirkt, daß die Luft möglichst aus der Masse entweicht. Die Bauarbeit machte allen Spaß. So viel Spaß, daß diejenige, die in den Laden mußte, sich sehr vernachlässigt vorkam.

Weil unsere Tiefbauarbeit so schön funktioniert hatte, bestellten wir für den folgenden Tag gleich die restlichen acht Kubikmeter Beton aufs Mal. Was wir nicht berechnet hatten, war das Wetter. Wieder einmal regnete es. Wir zogen uns wetterfest an. Diesmal waren Susi, Reni und ich die Mannschaft, die die Bahn zu beladen hatte. Ich weiß, daß Profi-Bauarbeiter im Regen jene gelben Pelerinen tragen, aber uns störten die Windjacken derart, daß wir sie auszogen. Wenn wir schon im Regen essen, singen und tanzen konnten, war es doch auch möglich, im Regen zu schaufeln. Dreimal bekamen wir Zuschauer. Jedesmal ein Mann mit einem großen Regenschirm. Der eine rauchte zwei Zigaretten, einer paffte seine Pfeife. Sie standen einträchtig da und schauten uns zu, gingen nach einer Weile wieder. Wahrscheinlich nach Hause, um sich am traulichen Kaminfeuer zu wärmen. Im Regen zuschauen wie drei Frauen Beton schaufeln, muß arg mühsam sein ...

***

Vielleicht war der Regen schuld, vielleicht war es irgend eine Sommergrippe, die umging. Nicht nur wir, auch Emilia, auch Rosetta, Olimpio und Odivio hatten Halsweh. Eines nach dem andern legte sich zwei, drei Tage mit leichtem Fieber ins Bett, gurgelte mit Salbeitee, schluckte Halswehtabletten. Nachher waren sie wieder fit. Dann kam ich an die Reihe. Ich bin nicht wehleidig und fand deshalb, mit all der Arbeit, die es ringsum zu tun gab, sei es überflüssig, mich ins Bett zu legen und zu pflegen.

42

Eines Nachmittags aber legte ich mich dann doch. Mein Kopf war glühend heiß. Ich schrieb die Hitze erst der Temperatur in meiner Baracke zu. Ein Plastikdach, auf das die Sonne scheint, wirkt wie ein Treibhausdach. Ich schlief eine Zeitlang, erwachte wieder. Die Sonne stach mir in die Augen. Die Hitze kam nicht nur von außen, auch von innen. Dann wandelte sich die Hitze trotz der Treibhauswärme in Eiseskälte. Ich fror so, daß mir schien, meine ganze Behausung müsse zittern wie ich es tat.

Das war ein Schüttelfrost. Ein handfester.

Fieberthermometer hatten wir keines. Das heißt, wir hatten eins. Das war aber irgendwo im Schwimmbad versorgt. Vermutlich wird der Ausdruck für etwas, das unauffindbar ist, «es ist im Schwimmbad», auch noch während der nächsten Jahre – wenn im Schwimmbad hoffentlich wieder geschwommen wird – weiterbestehen.

Irgend jemand schaute nach mir. Murmelte etwas. Ging weg. Kam wieder mit verschiedenen mit heißem Wasser gefüllten Flaschen. Mit einer Tasse Tee. Ich versuchte zu trinken. Meine Zunge war dick geschwollen. Die Schluckbewegungen schmerzten enorm.

Gabriela, die Krankenschwester werden will, murmelte etwas von Angina, ging wieder weg.

Später erfuhr ich es. Sie hatten versucht, einen Arzt dazu zu bewegen, zu uns zu kommen. Der aber war der Ansicht, ich solle ihn in seiner Praxis aufsuchen, worauf der Familienrat beschloß, mich mit Hausmittelchen zu kurieren. Das sei weniger schädlich als der Weg zum Auto, eine in diesem sommerlichen Verkehr wahrscheinlich einstündige Autofahrt hin und eine weitere Stunde zurück, dann noch der Aufenthalt im Wartezimmer.

Mir war das alles gleich. Ich hatte genug damit zu tun, zu atmen, so gut das mit meinem geschwollenen Hals noch ging.

Irgendwie überstand ich die Nacht, irgendwie wurde es wieder Tag. Ich konnte nicht mehr trinken. Von Essen war schon gar nicht die Rede. Es muß ein wunderschöner Sommertag gewesen sein. Die Sonne stieg auf, tausend Nadeln schmerzten mich in den Augen. Es war heiß, heiß, es glühte von innen, es glühte außen. Gabriela brachte, ich weiß nicht wie oft, eine Schüssel mit Essigwasser, umwickelte mir die Füße. Mir schien, die Tücher müßten dampfen. Gelegentlich döste ich vor mich hin. Hie und da hüpfte eine Katze aufs Bett, um nach mir zu sehen.

Jedesmal, wenn ich die Augen öffnete, fiel mein Blick auf das Plakat, das an der Türe festgenagelt war:

44

Da war ein Bild von mir, ein nettes, farbiges, das mich lächelnd im Halbprofil zeigte. Nebendran stand in Großbuchstaben «WANTED DEAD OR ALIVE», dann von Hand eingekritzelt «preferably dead», dann noch größer «KATHRIN RÜEGG». Und untendran stand, weswegen man mich tot oder lebendig – aber doch lieber tot – suchte: wegen Mordes, Pferdediebstahls, Raubes und sonst noch einiger übler Sachen. Susi hatte das Wildwest-Jux-Plakat aus London mitgebracht. Vor einiger Zeit war sie mit Marino und Werner während eines Wochenendes dorthin gefahren. Und nun hing das Plakat also vor meinen Augen. Wenn man Fieber hat, dann prägen sich die Dinge, die man automatisch ansieht, ganz tief ein. Ich kann heute noch das Blumenmuster des Bettzeuges zeichnen, das ich tagelang fiebernd anschaute, als ich als Kind einmal Butterblumen gegessen und deshalb eine Vergiftung erlitten hatte. Und nun hing also das Plakat vor mir. Wanted – Gesucht – weil ich ein Haus bauen wollte. Gesucht wegen Mordes. Gesucht, weil ich ein rechtes Dach über dem Kopf haben wollte. Gesucht wegen Raubes. Gesucht – preferably dead. Wenn ich jetzt starb? Je nun. Ich war so schwach, so müde von den vielen vergeblichen Versuchen, zu schlucken, ein bißchen mehr Luft zu bekommen, so schlapp, so gar nichts mehr wert. Nicht einmal mehr leid tat es mir, daß ich nun wahrscheinlich den jahrelang ersehnten, erkämpften Moment, ein richtiges Haus zu haben, nicht mehr erleben würde.

Besonders weit hatte ich es in meinem dahinschwindenden Leben eigentlich nicht gebracht. Vom ursprünglichen windschiefen kleinen Haus standen nur noch drei Mauern. Mit meiner hölzernen, plastikbedeckten Baracke war auch kein besonderer Staat zu machen. Da änderte auch die von Susi außen angebrachte Schrift nichts: «Kathrins Saloon – no entrance» stand da. In Anlehnung an das Plakat aus dem Wilden Westen, wonach ich gesucht wurde. Gesucht, Wanted, verurteilt, weil ich den Hochmut gehabt hatte, ein richtiges Haus zu wollen. Eines mit einem Dach aus Stein und nicht aus Plastik. Aus Plastik, das die Sonne durchließ, die mir in die schmerzenden Augen stach, die mir direkt ins Hirn stach, das vielleicht vom Fieber, vielleicht von der Hitze weich wurde ...

Niemand hat realisiert, wie übel ich wirklich dran war. Schließlich gelang es wenigstens, den Arzt zu überreden, mir Antibiotika zu verschreiben. Dicke Kapseln waren es, die ich «nach den Mahlzeiten» zu «schlucken» hatte. Schlucke einer einmal ein solches Ding, wenn er einen derart geschwollenen Hals hat. Und nehme einer einmal «eine Mahlzeit», wenn er kaum mehr ein paar Tropfen hinunterwürgen kann.

Vermutlich habe ich die Konstitution eines Pferdes. Keines edlen Pferdes. Eines schweren Ackergauls. Möglicherweise ist es auch darauf zurückzuführen, daß ich während der letzten zehn Jahre kaum eine Kopfwehtablette gebraucht hatte und deshalb gut auf Medikamente ansprach.

Ich schüttete den Inhalt der Kapseln in Tee und schluckte das Zeug hinunter, ohne vorher etwas gegessen zu haben. Dies dreimal täglich. Nach vier, fünf Tagen ging es mir wieder besser. Ich aß ein bißchen was, trank Tee. Aber ich war schwach wie ein kleines Kind. Ich verdöste die Tage in meiner Baracke, die nun schön kühl war, weil Marco einen Wasserschlauch auf dem Dach montiert hatte und die Berieselungsanlage die Hitze fernhielt.

* * *

Der Motor der Seilbahn ratterte. Er machte genau dasselbe Geräusch wie der Außenbordmotor eines Schiffes. Wenn man ihm mit geschlossenen Augen zuhörte, konnte man sich auf einem See wähnen. Tack-tack-tack.

Die Seilbahn war ein anderer meiner Sorgen-
punkte. Im Gegensatz zu unserer kleinen, elek-
trisch betriebenen Haushaltseilbahn, die zwei Wä-
gelchen hatte, eines oben, eines unten, hatte diese
Seilbahn bloß *ein* Tragseil und *ein* Zugseil. Es ließ
sich nicht anders einrichten, als daß die Bahn
schräg über die Brücke verlief und das Zugseil des
Wagens, wenn er sich unten befand, auf dem
Brückengeländer auflag. Schwere Fuhren zogen
das Tragseil so herunter, daß ein voll beladener
Wagen knapp über der Brücke fuhr. Da bestand
also einerseits die Gefahr, daß ein Fußgänger vom
Seil des herabfahrenden Wagens oder vom berg-
aufwärtsfahrenden Wagen selbst getroffen wurde.
So viel Vorsicht habe ich noch nie gepredigt. Zum
großen Ärger von Bruno, der – das merkte ich
ihm genau an – sich über meine Sorgen mokierte.
Und dann gab es massenhaft Leute, die standen
auf der Brücke, womöglich direkt unter der Seilbahn, schauten hinauf zur Baustelle, schauten hinüber zum Verladeplatz, verfolgten die Fahrt der
Bahn ...

«Ich weiß ganz sicher, daß ich mich immer in
respektvollem Abstand von einer Seilbahn aufhal-
te. Man kann nie wissen, was da alles passiert.»

«Ach du mit deinen ewigen Sorgen ...», spotte-
te Bruno.

48

«Wart's ab, ob ich nicht recht habe ... aber hoffentlich täusche ich mich.»

Unsere Stützmauer machte Fortschritte – auch ohne meine Hilfe. Ich schluckte meine Medizin, aß ein bißchen, trank Tee – und schlief. Und träumte von einem Haus, das irgendwann einmal vielleicht fertig werden – und daß ich jenen Moment preferably alive erleben würde.

* * *

Eines Nachmittags öffnete ich die Augen, weil ich das Gefühl hatte, jemand fixiere mich.

Paul und Regula waren leise in meine Behausung gekommen. Beide waren festlich weiß gekleidet. Paul hatte ein buntes Sträußchen mit flatterndem Band angesteckt. Regula trug ein ähnliches, größeres, in der Hand. Sie wirkten so vergnügt und glücklich, wie eben nur ein Brautpaar wirken kann. Wie ärgerte ich mich, daß ich nun ihr Hochzeitsfest verpaßte – und wie freute ich mich, daß der erste Gang nach ihrer Trauung mir galt.

Je weiter dieser Tag fortschritt, desto mehr amüsierte ich mich. Ich erlebte Pauls und Regulas Hochzeitsfest als ein großes, buntes Puzzle, das ich dann selbst zusammensetzte, wobei ich immer mehr ins Schmunzeln kam.

Das erste Puzzleteilchen brachte mir Susi.

«Ach, du hättest dabeisein sollen», sagte sie. «Tränen hättest du gelacht. Der Sindaco – der Bürgermeister – hat es sich nicht nehmen lassen, selbst als Zivilstandsbeamter zu fungieren. Seit Jahren ist dies die erste Trauung eines Paares, von dem beide Teile bereits hier gewohnt haben, und die auch hier bleiben wollen. Und aufgeregt waren sie, alle drei. Lampenfieber hatten sie – noch mehr als ich.»

Wobei zu sagen ist, daß Susis Lampenfieber sich jeweils nicht auf Trauungen bezieht, sondern auf ihre Gesangsauftritte zusammen mit ihrer Freundin Gabi. Aber seit ihren eigenen Lampenfiebererfahrungen hat Susi einen Blick für dieselbe Krankheit bei andern bekommen.

Dann erzählte sie weiter.

«Auf dem Kirchplatz hatte irgend jemand eine Bar aufgestellt, mit vielen Gläsern, weißt du, und mit Eiskübeln, so schönen, silbernen. In denen war Spumante – italienischer Schaumwein – jener, der schmeckt wie ein feines Kindersirüpchen ...»

«... ja», ergänzte ich, «und jener, von dem man nach zwei, drei Gläsern ganz schön weiche Knie bekommt ...» – «... Laß mich weiter erzählen:

Also: auf einem Tablett waren zwei Gläser für

das Brautpaar bereit und eines für den Sindaco. Silbernes Tablett, hübsches rotes Serviettchen drauf, drei Gläser, je umkränzt von Blümchen ... niedlich, sag' ich dir. Ein Mädchen hielt das Tablett bereit. Paul und Regula verließen das Gemeindebüro. Jemand öffnete die erste Spumanteflasche. Der Korken knallte, das Mädchen erschrak und ließ Tablett und Gläser und Serviettchen und Kränzchen in heillosem Entsetzen — platsch — auf den Boden fallen. Jemand behauptete, diese Scherben brächten Glück — und der Sindaco, Paul und Regula begnügten sich nun eben mit Gläsern ohne Kranz. So wie die andern. Und ich glaube, so wie einige dem Getränk zugesprochen haben, gibt das ein paar handfeste Schwipse im Dorf — schon um diese frühe Nachmittagsstunde.»

Zum Nachtessen, das so gegen sieben Uhr in Cortino — im biologischen Garten also — stattfinden würde, war das ganze Dorf eingeladen. Man rechnete mit all den noch dazukommenden Freunden mit achtzig Personen. Heidi hatte sich für die Zubereitung vieler Salate schon vor meiner Krankheit Rezepte bei mir geholt und alle gut eingeübt, damit ja nichts schiefging. Für das Menü: Polenta und Kaninchen, war Silvano zuständig. Das wußte ich ebenfalls längst.

Heidi war es auch, die mir den nächsten Bericht lieferte. Nein, eigentlich war das kein Bericht, das war eine verzweifelte Frage, gestellt gegen sechs Uhr abends. Sie kam sehr atemlos in meine Barakke gestürmt.

«Weißt du vielleicht wo der Silvano geblieben ist um sieben Uhr wollen wir doch essen die ganze Polenta-Kocheinrichtung haben wir mit dem Traktor nach Cortino gebracht mitsamt dem Brautpaar die Leute haben gewinkt und ihnen Reis nachgeworfen das soll Glück und viele Kinder bringen aber die Polenta sollte doch mindestens dreiviertel Stunden lang kochen und weißt du wie lang es braucht bis dreißig Liter Wasser auf einem Holzfeuer zum Sieden kommen und weißt du wieviel Salz da hinein muß und ...»

Ich schüttelte bloß den Kopf. Bevor ich zu einer Antwort ansetzen konnte, des Inhalts etwa, ob sie wohl meine, ich hätte den Silvano unter meinem Krankenbett versteckt, da war sie schon wieder verschwunden. Verschwitzt und aufgeregt und voller Lampenfieber.

Als nächster kam Marco:

«Du, wir suchen den Silvano. Der ist einfach verschwunden. Und ich bin doch verantwortlich, daß die Gäste pünktlich ihr Nachtessen bekommen ...»

52

«So kocht doch eure Polenta ohne den Silvano. Bei mir ist er gewiß nicht ...»

«Aber das ist es ja, der Silvano hat auch den Maisgrieß bei sich ...»

Auch Marco flog davon, um den verlorenen Polentakoch mitsamt den Zutaten zu suchen.

Eine Viertelstunde später kam Reni. Hochrot im Gesicht, vergnügt lachend.

«Muß schnell einen Besen holen. Die ganze Brücke ist voller Maisgrieß.»

«Aha, der Silvano ist also zum Vorschein gekommen.»

«Ja, und wie. Hat zuviel Spumante getrunken. Kann kaum mehr gerade stehen. Er wollte ein Kistchen mit zehn Einkilogrammtüten Polenta über die Brücke tragen, ist gestolpert. Da sind die Tüten halt samt und sonders geplatzt.»

«Wisch sie zusammen für die Hühner und nimm dafür andere Polenta aus unserm Vorrat.»

«Der Marco wird schön froh sein. Wenn du wüßtest, wie wütend der auf den Silvano ist. Weißt du, der Marco, der doch Leutnant im Militär ist, der will doch, daß alles wie am Schnürchen klappt und fühlt sich entsetzlich verantwortlich ...»

Man muß wissen, daß es von unserm Haus bis nach Cortino eine gute Viertelstunde, wenn nicht länger zu laufen ist. Mit dem Traktor dauert die Fahrt noch länger, denn der Weg, der dem Fluß entlang führt, ist steinig. Ob Marco ihn gefahren oder gerannt ist, um mich zu fragen, ob wir ihm Salz leihen könnten, weiß ich nicht. Nach seinem Zustand zu schließen, ist er gerannt, schneller als der Fackelträger, der das Feuer vom Olymp nach Froda tragen könnte.

«Zum Glück hat er wenigstens das Kaninchenfleisch zuhause vorgekocht. Das müssen wir nur noch wärmen. Die Sauce schmeckt ausgezeichnet ...»

Marco spurtete, ein Paket Salz unterm Arm, wiederum gen Cortino. Ich saß im Bett, schlürfte Blümchentee und lächelte.

Wer die nächste Hiobsbotschaft brachte, weiß ich nicht mehr. Der Inhalt der Botschaft ist mir um so besser im Gedächtnis geblieben:

Silvano hatte das Salz nicht ins Polentawasser, sondern in das fixfertig zubereitete Kaninchenfleisch geschüttet. Nun sei die Sauce, die feine, total versalzen, zum Teufel. Sie hätten das Fleisch wässern müssen und nun sollten sie Zutaten zum Basteln einer neuen Sauce haben. Polenta ohne Sauce sei eben gar nichts.

Ja, und übrigens, der Sindaco rühre jetzt im Polentakessel − abwechslungsweise mit dem avvocato – dem Advokaten, der hier in Froda ein Ferienhaus hat.

«Laßt ums Himmelswillen den Silvano nicht mehr an Eure Kocherei ...»

«Nein, nein, der pennt längst auf irgend einem biologischen Komposthaufen, schläft seinen Rausch aus ...»

Auch ich schlief ein. Mein Rausch hätte allerdings höchstens von zuviel Blümchentee herrühren können. Anderntags erfuhr ich, wie hübsch der Triumphbogen gewesen sei, der über dem Eingangstor zu Cortino gespannt und mit Blumen dekoriert worden war. Paul habe Regula auf seinen Armen unten durch getragen. Genau wie sich solche Szenen in Filmen abspielten. Auch vor meinem geistigen Auge hatte sich die ganze Hochzeit wie ein Film abgespielt. Das Essen sei allen Hindernissen zum Trotz gut gewesen. Zuletzt habe es eine vielstöckige Hochzeitstorte gegeben. Ein Stück davon sei aus Versehen im Gesicht eines Gastes gelandet. Natürlich. In meinem Film hatte ich auch das eingeplant, schon bevor ich erfuhr, daß es wirklich passiert war. Gabi und Susi hatten ihre Lieder gesungen, andere Freunde hatten mit Flöten und Cello Barockmusik gespielt, einer Handharmonika – eine Wonne sei das gewesen – und getanzt hätten sie, und gelacht – und über-

haupt, eine derart schöne, fröhliche Hochzeit —
das gäbe es bloß einmal im Jahrhundert.

Daß Silvano versagt hatte, wurde ihm verzie-
hen. Er war sonst ein lieber Kerl. Eigentlich viel
wichtiger war es, daß ein anderer voll und ganz
mitgespielt hatte: Petrus. Alle waren sich darüber
einig, daß der Tag und der Abend von Pauls und
Regulas Hochzeit der schönste, angenehmste des
ganzen Jahres gewesen sei. Lauter Superlative! Ich
wette, hätte es in Cortino Nachtigallen gegeben,
auch die hätten gesungen — selbst wenn die Jahres-
zeit nicht die ganz richtige war.

Ich habe mit Paul und Regula nie darüber gere-
det: Regula kam nach Froda, weil ich sie seinerzeit
darum gebeten hatte. Paul kam nach Froda, um
mir Grüße von einem Freund auszurichten, blieb
hier, weil es ihm hier gefiel, dann weil Regula ihm
gefiel — und jetzt waren sie also ein Ehepaar, und
ich war als Weichensteller ihres Schicksals auser-
wählt worden! Mögen alle ihnen so von Herzen
Glück wünschen, wie ich es tue!

Kommentar von Susi beim Abschreiben dieser
Seiten:

Wenn einer dies liest, könnte er annehmen, die
Geschichte sei total übertrieben. Dabei stimmt sie
ganz genau!

✳ ✳ ✳

Mit vor Schwäche weichen Knien stand ich ein paar Tage später zum erstenmal wieder auf, schleppte mich auf den Bauplatz ...

Was ich da sah, ließ mich leer schlucken. Die ganze Stützmauer war fertig – und ein Teil des Fundamentes auch! Erst war ich darüber glücklich, dann aber fühlte ich, wie mein Herz einen entsetzten Sprung tat:

«Aber, um Himmels willen, wir haben doch noch keine Bewilligung für diese Arbeiten!»

«Wenn wir jetzt nicht vorwärtsmachen wie der Teufel, dann kannst du im Winter entweder in deiner Freilufthütte erfrieren oder nach Sankt Moritz Skifahren gehen, und die Mädchen dürfen im Pfarrhaus entweder deinen Heldentod nachahmen oder mitfahren zum Schlitteln.»

Also sprach Bruno.

«Es tut mir leid, ich bin als Beauftragter der Gemeindebehörden zur Kontrolle hier und muß Sie anzeigen, da Sie ohne Baubewilligung das Fundament zu bauen begonnen haben.»

Also sprach ein paar Tage später ein höflicher junger Beamter. Er verstehe zwar meine Argumente, aber das seien keine rechtlichen, bloß menschliche. Eigentlich begreife er mich ja. Und wenn er in meinen Schuhen stecken würde, dann ... was dann, das verriet er mir leider nicht.

Der Expreßbrief, eingeschrieben, kam schon einen Tag später. Die Unterschrift des Sindaco war winzig klein, als ob er sich lieber hätte verstecken mögen. Ich weiß, daß er ein sehr netter Mann ist, und kann mir vorstellen, wie peinlich es ihm war, mir mitzuteilen, daß ich, falls die Bauarbeiten bei meinem Haus nicht unverzüglich eingestellt würden, mit einer Geldbuße oder einer Gefängnisstrafe zu rechnen hätte.

In mir regte sich der Trotz.

«Also gut, dann gehe ich eben ins Gefängnis. Aber daß denn kein einziger Mensch begreift, daß wir im Winter ein Dach über dem Kopf haben müssen, das begreife ich wiederum nicht.»

«Aber wir, wir haben es doch begriffen», versuchte Luzi mich zu trösten. «Sonst wären wir nicht schon so weit. Aber ins Gefängnis gehen, nein, soweit wollen wir es doch nicht kommen lassen.»

Luzi wollte keine Schwester, Bruno keine Schwägerin, die die Familienehre mit dem Makel eines Gefängnisaufenthaltes besudelte. Deshalb packten sie noch am gleichen Tag all ihre Maschinen zusammen. Sie versprachen mir, wiederzukommen, spätestens einen Tag nachdem ich die

Baubewilligung erhalten hätte. Dann fuhren sie weg. Luzi in seinem schwedischen Station Car, Bruno mit seinem Lieferwagen, beide die Fahrzeuge übervoll beladen mit ihren Werkzeugen. Wisi, Marianne, das Baby Isabelle, Ferid und Semo, alle fuhren sie weg. Wir winkten ihnen nach. Ich war voller Zweifel, wann ich sie wiedersehen, wann unser Kampf um die Bewilligung endlich beendet sein würde.

Eine Woche verging, eine zweite, eine dritte. Jeden Tag wartete ich sehnlich auf die Post, wartete darauf, jenen gelben Umschlag mit den gestempelten Plänen zu erhalten. Mitte September war es jetzt. Wenn wir Glück haben, schneit es erst im Januar. Aber von Mitte Oktober an fiel die Temperatur nachts unter den Gefrierpunkt. Ob es dann in meiner Baracke oder im Pfarrhaus mit den unendlich dicken Steinmauern kälter war, würde sich also bald herausstellen.

* * *

Wir saßen beim Mittagessen, als ich ans Telefon gerufen wurde. Marcos Mutter war es. Niemand hat sich so für den Bau unseres Hauses eingesetzt wie sie. Ich weiß nicht, wie oft sie nach Bellinzona gefahren ist, sich bei allen möglichen zuständigen Büros für uns verwendet hat. Sie teilte mir etwas mit, das ich inzwischen durch eigene Erkundigungen auch schon erfahren hatte: auch das Büro für die Bautenschönheit hatte nun unsern Plan genehmigt – aber wo die Pläne nun waren, das wußte niemand. In irgendeiner Schublade vielleicht.

Bei irgend jemandem, der gerade in den Ferien war oder der noch viele andere Pläne zu begutachten hatte, und der diejenigen Gesuche zuerst behandelte, deren Antragssteller am lautesten schrien.

Ach, es war zum Verrücktwerden.

Ich kehrte an unsern Tisch zurück, berichtete, was Marcos Mutter erfahren hatte, sagte einmal mehr, wie wohl mir ihre Unterstützung tue. Eins wußte ich: hätte ein anderer, ein Freund von mir, in meiner jetzigen Lage gesteckt, ich hätte für ihn gekämpft, so wie Marcos Mutter es für mich tat. Aber für meine eigene Sache zu kämpfen – da hatte ich Hemmungen. Blöde Hemmungen wahrscheinlich ...

Susi hatte damals ihren Fuß verstaucht und lief an Krücken. Nun nahm sie eine der Krücken, schlug damit auf den Tisch. Gottlob ist der Tisch aus Stein und kann etliches aushalten.

«Herrgottnochmal, wir sind ja schließlich auch noch da. Und jetzt gehen *wir* eben nach Bellinzona. Die Pläne müssen her und die Bewilligung muß her. Wenn wir den Leuten das richtig erklären, werden die uns doch wohl verstehen.»

«Ja, wann wollen wir denn gehen?» erkundigte sich Heidi.

«Jetzt, gerade jetzt. Jeder halbe Tag, den wir gewinnen, der zählt. Glaubt ihr, ich will noch lang so weiter vegetieren? Und das ewige Hin und Her zum Pfarrhaus und zurück, das ist mir längst verleidet.»

Susi, Heidi, Gabriela, Reni, Isabel, sie tranken wie auf Kommando ihren Kaffee aus, fuhren so angezogen, wie sie waren, nach Bellinzona. Susi tat mir leid, als sie mühsam auf ihren Krücken sich vortastend den Weg zum Auto hinunter humpelte. Den steinigen Weg. Der Weg von unserm Haus bis nach Bellinzona ist mit vielen Steinen versehen ...

All meine Helfer waren nun weg. Ich verbrachte den Nachmittag zum erstenmal seit meiner

Krankheit im Laden. Ich glaube, einen besseren Gesundbrunnen gibt es kaum. Viele Leute kamen, die ich schon im letzten, im vorletzten Jahr kennengelernt hatte. Sie fragten nach Gualtieros Heidelbeeren – doch dieses Jahr war die Ernte schlecht gewesen. Sie wußten, daß Romanos Käse gut schmeckte, kauften Kastanienbrot, brauchten von der handgesponnenen Wolle, erkundigten sich, wann mein neues Buch erscheine. Der Nachmittag verflog im Nu. Ich kehrte heim, begann die Kaninchen zu füttern. Da kam meine Mannschaft aus Bellinzona zurück. Ihr Bericht bestand aus lauter einzelnen Sätzen, die abwechslungsweise vorgetragen wurden.

… Also, bis wir nur das richtige Büro gefunden haben …

… Stell dir vor, der Beamte, der damals hier war, ausrutschte und in den Schnee fiel, der war hinterm Schalter. Der hat gesagt, wir könnten ja wintersüber in ein Hotel ziehen, falls das Haus nicht fertig würde …

… Da war einer, der war sehr nett und hat uns sogar weiterbegleitet in ein anderes Büro einen Stock weiter unten …

… Dort saß ein Mann, ganz grau und zerknittert, so wie halt einer aussehen muß, der sein Leben lang in einem Büro sitzen muß …

... Ja, und der erschrak vermutlich ob unserer Invasion. Wahrscheinlich sind die doch nicht gewohnt, daß sie gleich von einer ganzen Horde aufgesucht werden, wovon einer dann noch zwei Krückstöcke hat ...

... Aber ich glaube, die haben doch begriffen, um was es uns ging ...

... Der Chef sei in den Ferien, komme aber am Montag zurück. Dann sollen wir um neun Uhr telefonieren ...

Ich versuchte mir den Aufmarsch meiner Kämpfer von der Sicht jener Beamten her vorzustellen. Und erschrak ein bißchen. Wenn einer da friedlich hinter seinen Aktenbergen sitzt, Bauvorschriften studiert, diese mit den vorliegenden Plänen vergleicht. Da geht die Türe auf und herein kommen im Gänsemarsch eins, zwei, drei, vier, fünf junge Mädchen, alle in nicht ganz sauberen Blue jeans, alle verschwitzt, verstrubbelt, mit womöglich nicht ganz sauberen Händen, alle versuchen, sich auf Italienisch so gut wie sie es können, vielleicht auch auf Deutsch verständlich zu machen, schwatzen womöglich durch- und miteinander, kichern ...

Da hätte ich, wäre ich Beamter gewesen, an eine Demonstration – an eine polizeilich nicht bewilligte Demonstration – gedacht und mir überlegt, wie ich die ganze Bande schnellstens aus dem Büro schmeißen könnte, ohne unliebsames Aufsehen zu erregen!

Am Montag würde es auskommen, ob die Gedanken des Beamten so gewesen waren, wie ich es mir nun vorgestellt hatte, oder ob meine Helfer wirklich aufmerksames Gehör gefunden hatten.

Sie hatten.

Der Chef war am Montag da. Der Chef hatte die jetzt überall abgezeichnete, bewilligte, sozusagen gesegnete Bewilligung auch noch bewilligt, das heißt unterschrieben.

Dann konnten wir nun also endgültig und amtlich bewilligt bauen?

Nein, um Himmels willen nein, nun mußte die ganze Bewilligungerei den Gemeindebehörden vorgelegt und auch dort noch registriert, chiffriert, signiert werden.

Susi anerbot sich, die Pläne selbst zu holen und auf das Gemeindebüro zu bringen.

Das ging gemäß irgend einem Paragraphen nicht, leider.

Aber jener Chef versprach Susi, die Akten per Expreßpost unserm Gemeindebüro zuzustellen. Der Sindaco hatte es dann noch zu unterschreiben und dann, erst dann sei alles in Ordnung.

Wäre es gewesen, wäre der Sindaco nicht abwesend gewesen. An einem Ort, wo ihn keine Post erreichte. Auf der Jagd nämlich. Und die Jagd dauerte noch gute zehn Tage.

Ich habe zwar schon seit meinem vierundzwanzigsten Altersjahr graue Haare. In den letzten paar Jahren hat es mir tüchtig auf den Kopf geschneit. Im Endspurt für unsere Baugenehmigung aber, da bin ich in einigen Wochen beinahe weiß geworden.

Susi kann hartnäckig, ja stur sein. Das Erreichen dieser Genehmigung war nun wie ein Knochen, den sie knurrend nicht mehr aus den Zähnen ließ. Ohne mein Wissen setzte sie sich mit dem avvocato in Verbindung. An der Hochzeit von Paul und Regula hatten der Sindaco und er abwechslungsweise die Polenta gerührt. Dabei hatte Susi bemerkt, daß die beiden gut befreundet sein mußten. Wenn sie es nun also hinter ihn steckte, ihm unsere verzweifelte Situation schilderte? Der avvocato war hier aufgewachsen. Er wußte, wie kalt ein Winter im Tal sein konnte. Er wußte wohl nicht, wie kalt ein Winter in einer Holzbaracke und in einem absolut unheizbaren Haus war, aber er konnte sich das vielleicht vorstellen. Wenn er das konnte, dann hatte sie ihn für unser Anliegen gewonnen. Er würde vielleicht herausfinden können, wo der Sindaco auf der Jagd war, oder ob es sonst irgend einen, irgend einen winzigen Hoffnungsschimmer gäbe, um die Bewilligung schon jetzt zu erhalten. So daß wir mit der Bauerei endgültig loslegen konnten ...

* * *

Am zweiundzwanzigsten September neunzehnhunderteinundachtzig hatte Susi ihr Ziel, unser aller Ziel erreicht.

Am zweiundzwanzigsten September neunzehnhunderteinundachtzig packten Bruno und Luzi ihre Autos mit allen Werkzeugen, mit allen Bauplänen, mit allen Kostenvoranschlägen, Rechnungen, Kleidern und Überkleidern und was sonst noch nötig war und fuhren zu uns. Wisi, Ferid und Semo kamen ebenfalls.

Am gleichen Tag trafen die ersten dreihundert Exemplare meines neuen Buches bei uns ein. Ich war so mit dem Beginn des Baues beschäftigt, daß ich mich nicht einmal darüber freute. Die Bücher wurden unausgepackt im Laden gestapelt. Zwölf Schachteln zu fünfundzwanzig Büchern waren es.

Am gleichen Tag öffneten wir wieder das untere Gitter des Ententeiches. Seit zwei Tagen regnete es unentwegt Bindfäden, nein, kübelweise. Der Fluß stieg mit jeder Stunde höher. Wie würden die

Männer morgen wohl bauen können, falls der Regen dann noch fortdauerte?

Nach einem feuchten Nachtessen, das wir nicht mehr am Tisch, sondern in der Baracke eingenommen hatten, räumte ich das Geschirr zusammen, stellte es aber unterm Barackendach auf ein Mäuerchen. Ein Gang in die Küche hätte mich bis auf die Knochen durchnäßt.

Heidi war der Ansicht, morgen müsse es wieder schön sein, viel mehr Regen könne es nun einfach nicht mehr haben am Himmel oben. Sie stülpten alle Regenhüte, Pelerinen, Windjacken über, wünschten mir gute Nacht, ließen mich allein mit Katzen und Hunden in einer Welt, in der es nur noch Regen, Regen zu geben schien. Ich verfolgte, wie schon oft, in Gedanken die Fahrt der drei Autos, deren Scheinwerferlichter ich sah. Jeden Baum kannte ich, jeden Stein: von der Brücke am Laden vorbei auf die Hauptstraße, von dort ein paar Meter abwärts, dann rechts abzweigend den Berg hinauf. Die Lichter verschwanden hinter dem Hügel. Ich wußte, daß sie auf dem Parkplatz bei der Madonnina die Wagen kehren mußten in einer Art Spitzkehre, dann tauchten die Lichter wieder auf; ich sah, wie sie die Wagen parkten. Das war von mir aus gesehen links vom Pfarrhaus, beim Brücklein. Ein kleiner Bach floß dort hinun-

ter. Dann sah ich die Lichtspuren von drei Ta-
schenlampen, die, vor dem Pfarrhaus angelangt,
drei kreisrunde Zeichen zu mir hinüber machten.
Das war das Gute-Nacht-Signal, das ich mit meiner Lampe erwiderte.

Die Katzen hatten sich alle in der Baracke ver-
sammelt, leckten ihre nassen Pelze. Bona lag bereits schnarchend auf einem Schaffell, Tasso
schmiegte sich an mich. Der viele Regen machte
ihm Angst, so wie dem armen Kerl einfach alles
auf der Welt Angst macht. Ich streichelte ihn und
erklärte ihm, morgen sei alles wieder gut. Und
morgen würden sie mit dem Bau beginnen und
dann hätten wir dann bald, bald ein Dach, ein
richtiges, über dem Kopf.

***

Morgen, das war der dreiundzwanzigste September neunzehnhunderteinundachtzig.

Ich erwachte wie immer ob dem leisen Entenge-
schichtleingeschnatter, drehte mich um. Um sechs
Uhr würde Marino die Glocken läuten – für mich
das Signal, um aufzustehen, für meine Mannschaft
das Frühstück zu kochen, den Tisch im Garten zu
decken. Zum Glück regnete es nicht mehr. Heidi
hatte recht gehabt: der Himmel war leer.

Plötzlich begannen die Truthähne allesamt ihr

Gegluckse und Gekoller anzustimmen. Es tönte, als ob sie nicht nur ganz Froda, am liebsten das ganze Tal wecken wollten, warnen wollten vor irgend etwas. Aber was? Die Enten schnatterten genauso plötzlich aufgeregt, laut, immer lauter. War da ein Fuchs im Hühnerhof? Das Entengitter war nicht ganz zu. Aber dann hätte Schnurrli längst geknurrt und Bona längst gebellt. Ich drehte mich um, um noch ein bißchen zu schlafen.

Aber schlafe mal einer, wenn ein Geflügelhof in Aufruhr gerät! Der Hahn krähte nun auch noch. Irgend etwas stimmte nicht. Ich stand auf, obwohl Marinos Glocken noch nicht geläutet hatten. Was ich damals nicht wußte, erzählte er mir später: er hatte sich um fünf Uhr dreißig auf den Weg gemacht, um mit seinem Motorroller auf jenem Weg zur Kirche zu fahren, den Luzi und die andern gestern abend genommen hatten. Marino entschloß sich aber dann doch, zu Fuß zu gehen, stellte seinen Roller wieder in den Schuppen. Der Fußweg führt von der Brücke aus in ziemlich gerader Richtung den Hang von mir aus gesehen rechts von der Kirche hinauf.

Der Schutzengel von Froda muß Marino ins Ohr geflüstert haben, zu Fuß zu gehen und nicht mit dem Roller zu fahren. Hätte er das nämlich getan, dann wäre er jetzt tot.

Kann sich einer vorstellen, wie das ist, wenn man jahrelang vom gleichen Platz aus in die Landschaft schaut, eine Landschaft, die einem lieb geworden ist, wo man jeden Stein, jeden Baum, den Standort jeder Blume kennt – und dann schaut man eines Morgens wie immer da hinauf und hinunter. Aufwärts ist's immer noch gleich und abwärts, da ist ein Stück weit anstelle von Wiesen, anstelle des Lärchenwäldchens, anstelle der Straße, anstelle des Weges, der zum Lädeli führt, nur noch ein riesiger Schuttkegel. Da wo Odivios Heuwiesen waren, wo sein Bienenhaus stand, da liegen Felsbrocken, liegen Bäume kreuz und quer, stehen auf dem Kopf, die Wurzelstöcke sehen aus wie verkrampfte Hände.

Das winzige Bächlein links vom Pfarrhaus hatte sich irgendwo weit oben am Berg gestaut und war als Fels-, Stein-, Baum- und Schlammlawine niedergegangen. Auf der Straße stand der Postbus. Ich sah einige Leute, die offenbar aus dem Bus ausgestiegen waren, die gestikulierten. Ich sah auch ein Licht, das mitten im Schuttkegel leuchtete.

Vorerst war ich wie gelähmt. Meine Gehirnzellen weigerten sich, das aufzunehmen, was die Augen ihnen mitteilen wollten – und was die möglichen Schlüsse daraus sein konnten.

In der Küche haben wir ein Radio mit Uhr. Die Uhr zeigte fünf Uhr vierunddreißig. Sie stand still. Das Radio war stumm, die Stromzufuhr war unterbrochen. Das Telefon war stumm.

Langsam begann ich doch wieder zu denken. Wenn die Lawine um jene Zeit niedergegangen war, waren alle meine Leute noch im Pfarrhaus gewesen. Ein Stoßgebet, daß es wirklich so gewesen sein möge.

Der erste Bus fährt meist bei uns vorbei, währenddem Marinos Glocken läuten. Nicht daran denken wollte ich, was geschehen wäre, wäre die Lawine eine halbe Stunde später heruntergekommen.

Luzi sagt, er sei erwacht, weil er ein Beben gespürt habe. Er sei aufgestanden, habe sich — ohne erst seine Kontaktlinsen aufzulegen, ohne die er nicht viel sieht — bis an die Ecke des Pfarrhauses vorgetastet. Dort sei alles einfach nur grau gewesen, und er habe einen ganz starken Geruch nach frischer Erde wahrnehmen können. Er sei dann umgekehrt, um die andern zu wecken.

Alle andern sagen, sie hätten überhaupt nichts gehört und gespürt. Aber alle waren wir durcheinander. Der Kaffee, lauwarm, so wie das Wasser aus dem Heißwasserspeicher kam, half uns unsere Lebensgeister wieder zu sammeln. Am meisten

mitgenommen waren Ferid und Semo. In ihnen
hatte die Lawine die Erinnerungen an Erdbeben in
ihrer Heimat geweckt. Dann gingen wir gemein-
sam, um zu sehen, ob wir helfen konnten. Eines
wußten wir schon: Luzis, Brunos, mein Auto, die
waren weg. Sämtliche Bauwerkzeuge, Brunos
Schreinermaschinen, sämtliche Detailpläne, die
Luzi gezeichnet hatte, sämtliche Kostenvoran-
schläge, der Honig, den Susi gestern bei Odivio
abgeholt hatte, ihre Krücken, ihre Ausweise, alle
Schlüssel, alles, alles war weg.

Und im Lädeli war auch alles weg.

Dort, wo die Eingangstür gewesen war, da lag
nun mannshoch der Schutt. Der Saum der bunten
Markise, die wir erst kürzlich hatten anbringen
lassen, berührte beinahe den Schlamm. Wir
stampften durch den Dreck zu den vorher hochge-
legenen Fenstern, legten uns auf den Bauch,
schauten in den Raum. Mein schöner alter
Schrank, den ein Schreiner im Jahr sechzehnhun-
dertfünfundachtzig gemacht und die Jahrzahl
oben eingeschnitzt hatte, der lag nun umgestürzt
im Wasser, das durch die Türritzen eingedrungen
war. Da drin schwammen die dreihundert neuen
und viele alte Bücher, war die viele handgesponnene Wolle ertrunken, die Pullover, die Silvana,
Gabi, Pierina, Teresa und all die andern fleißigen

Frauen gestrickt hatten. Ach, ich mag das alles gar nicht weiter aufzählen.

Unser Lädeli war kaputt. Und noch viel schlimmer: das Lärchenwäldchen obendran, das war gestorben. Nie mehr würde ich, wenn ich gerade keine Kunden hatte, im Herbst dort Pilze finden. Wie spaßig fand ich es doch, ein Ladengeschäft zu haben, wo es dem Personal möglich war, während der Arbeitszeit Pilze zu suchen. Schirmlinge zum Beispiel und Hallimasch. Und nicht nur Pilze, auch Blumen. Rainfarn etwa und Weidenröschen und Schafgarbe. Blumen, aus denen man nicht nur Sträuße winden, die man sogar auch zum Wollefärben brauchen konnte ...

Es war zum Heulen.

Ich riß mich zusammen. Nein, es war überhaupt nicht zum Heulen. Es war so, daß wir jetzt und sofort in die Kirche gehen und hundert Kerzen anzünden sollten. Noch nie, noch gar nie hatte ein so unendlich großer und gütiger Schutzengel über uns geschwebt wie an jenem Morgen. Was, wenn die Lawine eine halbe Stunde später gekommen wäre, dann wenn Luzi, Bruno, Wisi, Susi, Heidi, Gabriela, Reni, Isabel, Ferid, Semo vielleicht gerade ins Auto gestiegen oder schon den Weg hinunter gefahren wären? Den Weg, den die Lawine nun an drei Stellen verschüttet hatte? Wie wär's mir zumute gewesen, sie alle darunter begraben, ganz gewiß tot zu wissen? Wie furchtbar wäre es dann gewesen, all die Eltern, Luzis Braut, meine Schwester, Brunos Frau, zu benachrichtigen?

Oder eine andere Annahme: wäre die Lawine mitten am Tag gekommen, dann, wenn sich – wie oft – etliche Leute, etliche Autos auf der Straße befunden hätten? Hätte man aus dem Lädeli noch fliehen können? Wäre die Ladentüre offen gewesen, hätte sich der Raum nicht nur mannshoch, sondern bis zur Decke mit Wasser und Schlamm gefüllt!

Das Licht, das ich im Schuttkegel gesehen hatte, stammte von Brunos Lieferwagen. Der lag auf dem Rücken, war zusammengepreßt und nur noch ein halbmeterhoher Blechknäuel, die Räder ragten in die Luft, das Ganze war sozusagen um einen Baum gewickelt. Die eine Scheinwerferlampe brannte so lange, bis die Batterie erschöpft war.

Von Luzis Auto fanden wir Wochen später die eine Türe, letzthin etwa zwei Kilometer weiter talabwärts den Motor.

Von unserem nigelnagelneuen Auto, das noch keine zwei Wochen alt war, brachte uns Odivio das vordere Kontrollschild. Susi und Gabriela hatten das Auto zwei Tage vor dem Lawinenniedergang unendlich sorgfältig mit Klebebuchstaben beschriftet. «Susis Fischzucht – pesicoltura della Susi» stand links und rechts an den Längsseiten, «Botteghino – Froda» stand auf den beiden Türen, «Montanara Ramblers» als Reklame für Susi und Gabi als Gesangsduo stand auf dem Kühler.

«Aber ein Auto kann man ersetzen, und Klebebuchstaben kann man wieder kaufen, und dann fangt ihr halt wieder von vorne an mit eurer Schriftenkleisterei», tröstete ich Susi und Gabriela.

«Und dann betteln wir in Baden-Baden wieder um den lustigsten Autokleber, den es überhaupt gibt:

S'gibt badische und unsymbadische, steht darauf.»

Unsympathisch waren die Schlachtenbummler, die nun kamen, über den Lawinenkegel zu klettern versuchten, die Fragen stellten, immer die gleichen Fragen, im Weg herumstanden. Der Busverkehr wurde mit Umsteigen wieder aufgenommen. Soldaten kamen mit Baumaschinen. Sie arbeiteten auch während der Nacht, um die Straße freizulegen. Große Felsbrocken mußten gesprengt werden. Nochmals war der Schutzengel zu preisen: wäre die Lawine nicht durch einen großen Felsen, der dort liegengeblieben war, auf der Straße nach links abgedreht worden, hätte sie vier, fünf bewohnte Häuser verschüttet. Statt daß mein Lädeli verwüstet wurde, wäre dann eine ganze Anzahl Menschen zu Schaden, wahrscheinlich ums Leben gekommen.

Die Soldaten gruben dem Lädeli entlang einen Gang. Marco und Paul kamen ein paar Tage später, um Luzi und mir beim Ausbuddeln zu helfen. Das Wasser war nun aus dem Raum weggesickert. Was blieb, das war eine fünfzig Zentimeter hohe Schlammschicht. Wir kletterten durchs Fenster, balancierten auf dem Rand der Futterkrippe gegen die Türe. Aus den Schachteln mit den neuen Büchern machten wir eine Art Steg im Schlamm. Trat man daneben, sank man mehr als knietief ein und konnte sich kaum mehr selbst aus dem klebrigen Teig befreien. Ich weiß es genau. Mir ist's nämlich passiert. Wie eklig war das, als der Schlamm oben in meine Stiefel drang!

Ich habe bloß mit den Zähnen geknirscht und kein bißchen geflucht, als ich total dreckverschmiert durch die nun einen Spalt breit freigeschaufelte Türe wieder ins Freie trat und ein paar Zuschauer mich wegen meines Aussehens auslachten. Der Schutzengel hätte mich hören können!

Wir packten die zunächst erreichbare handgesponnene Wolle schlammtriefend in schlammtriefende Säcke, verstauten sie in einem Auto, das uns jemand geliehen hatte, das auch bald von Schlamm troff, und brachten die Wolle zu Lina. Sie spinnt für uns Wolle und hatte sich spontan anerboten, das zu waschen, was noch zu retten sei. Die ersten Partien, die wir herausnehmen konnten, waren noch brauchbar. Aber je länger die Wolle in der Feuchtigkeit lag, desto mehr roch sie muffig. Viel mußte schließlich einfach weggeworfen werden.

Aber erst mußte ein Schadeninspektor der Versicherung kommen, um das Ganze zu überprüfen.

Ich glaube, niemand macht gern Inventar. Für mich auf alle Fälle war es eine Arbeit, die ich bisher haßte. In Zukunft allerdings werde ich in einem sauber aufgeräumten Laden liebend — ja sozusagen leidenschaftlich gern Inventar machen. Ich denke dann einfach an jenes Inventar im Schlamm zurück!

Nach der Bestandesaufnahme durch den Schadeninspektor tat ich etwas, was vielleicht feig war: ich schloß die Ladentür zu und entschied mich, dort drin mindestens bis zum nächsten Frühjahr, also etwa solange, bis unser Haus fertig war, keinen Finger mehr zu rühren. Ich stellte mir vor, daß das Militär den Schuttkegel wegräumen würde, soweit das irgendwie möglich war. Da, wo sich nur Schlamm angesammelt hatte, aber keine Steine mehr, hatten sie mit ihren Baumaschinen hohe Haufen aufgeschichtet. Aber dann waren sie eines Tages weggegangen, hatten die Maschinen abtransportiert und uns mit unserer Steinwüste allein gelassen.

Und wenn die Wüste nun Wüste bliebe? Dann würden wir sie im nächsten Frühjahr zu bepflanzen versuchen. Mit Sonnenblumen zum Beispiel. Mit Sonnenblumen in großen, mit guter Erde gefüllten Töpfen. Es hilft mehr, Sonnenblumen zu säen, als bloß über den Schutt zu jammern, wenn der so hoch ist, daß man ihn doch nicht wegzuräumen vermag ...

* * *

Aber noch war nicht Frühling. Wir waren in den Monat Oktober hineingerutscht, ohne es zu merken. Zuviel hatten wir zu tun, bis die Angelegenheiten mit den Versicherungen nur einigermaßen geregelt waren, bis Bruno neue Maschinen hatte. Die ganze Baumannschaft hatte keine Kleider mehr. Die waren – wie so vieles andere – wie Ferid so schön auf Schweizerdeutsch sagte «s'Loch ab».

Ach, der Ferid, wieviel Spaß hatten wir mit ihm!

Viel mehr ärgerte es ihn, daß die vier Riesenpakete von Papierwindeln verlorengegangen waren, als daß er nur noch die Kleider besaß, die er auf dem Leibe trug – weil sie allesamt so leichtsinnig gewesen waren, ihre Koffer im Auto zu lassen. Aber wer denkt schon daran, daß am andern Morgen ein Auto mit allem Inhalt eben plötzlich und unwiederbringlich weg sein kann? Diese Windelpakete hatte Ferid schon Wochen vorher gekauft. Beim Baustop mußte Bruno sie mitnehmen. Da nützten alle Argumente, sie alle kämen ja bald wieder hierher, nichts. Ich glaube, für Ferid sind jene Windeln einfach der Inbegriff eines unerhörten Luxus', den er seiner Familie bieten kann, sobald er wieder nach Hause kommt. Ein Luxus, so schön, so selten, daß er die Pakete täglich ansehen, womöglich streicheln mußte. Als sie nach Locarno fuhren, um sich neu einzukleiden, hatten alle Überredungskünste nichts genützt, um Ferid davon abzuhalten, diesmal gleich acht Pakete dieser Windeln zu erstehen. Als aber alle streikten, keiner ihm helfen wollte, die Windeln zum weit entfernt parkierten Auto zu bringen, und er es mit aller Mühe nicht schaffte, mehr als fünf Pakete auf einmal zu tragen, entschloß er sich, den Rest gegen Schokolade umzutauschen. Die ist für ihn der zweitgrößte Luxus der Welt.

Wie oft habe ich mir schon gewünscht, unsere Welt, unsere kleine Welt in Froda, mit Ferids Augen zu sehen oder einen Blick in seine Gedanken zu tun. Die Gegend, aus der er kommt, muß gebirgig sein, wie die unsrige. Ferid hat zwei kleine Kinder. Ihr Leben muß sehr einfach sein. So hat er mir erklärt, zuhause esse man am Boden. Ferid und Semo sind Mohammedaner. Obwohl sie sicher nie weit von zuhause weggekommen sind, versuchen sie, sich an unsere Lebensgewohnheiten anzupassen. Was sie nicht anrühren, ist Schweinefleisch. Ferid trinkt auch nie ein Glas Wein oder sonstigen Alkohol. Bei Semo dagegen muß ich aufpassen, daß er nicht ständig soviel Bier in sich hineinschüttet, daß es ihm eigentlich zu den Ohren wieder hinauslaufen sollte. Dabei ist ihm nie auch nur der kleinste Schwips anzumerken.

Anfangs hatten wir große Sprachschwierigkeiten. Bis es mir in den Sinn kam, daß eine liebe Freundin, die schon lange in der Schweiz lebt, aus Jugoslawien stammt. Ich rief sie an, bat sie, Ferid ein bißchen zu erzählen, wer wir alle sind – und uns ein serbokroatisches Wörterbuch zu schicken. Als das Buch eintraf, nahm Ferid es zur Hand, blätterte eifrig darin, wendete die Seiten hin und her, zeigte mir schließlich das Wort «majka». Erst deutete er auf das Wort, dann auf mich, sagte:

«Das du.» Ich muß eine Brille aufsetzen, um Kleingedrucktes zu lesen. Dann las ich – und einen Moment lang schossen mir Tränen in die Augen. Freudentränen. Denn ein größeres Kompliment hat mir noch keiner gemacht: «majka» jugoslawisch, heißt auf deutsch «Mutter».

Nun hatten wir zwei neue Sports entdeckt. Jugoslawisch mit dem Wörterbuch, das war der eine. Deutsch mit dem Wörterbuch, das war der andere. Ach, was für verzerrtes Zeug da herauskam. Einmal krümmten Ferid und Semo sich vor Lachen – dann waren wir wiederum dran.

Wenn die Gegenpartei einfach nicht begriff, sprachen wir die entsprechenden, sicher von uns ebenso falsch betonten Worte, wie es Ferid und Semo mit den deutschen Vokabeln taten, gegenseitig immer lauter aus. Das ist ja jene immer und überall aufkeimende Meinung, daß man durch lautes Sprechen sich eher verständlich machen kann, auch wenn der andere die Sprache gar nicht versteht. Ferid allerdings ist ein außerordentliches Sprachtalent. In kürzester Zeit verstand er alle Ausdrücke für die Bauwerkzeuge, für die Arbeitsvorgänge. Zudem war er mit seinen Händen ungemein geschickt. Es brauchte nur ein paar Minuten, um Wisi die gerade notwendigen Maurer-, Bruno die Schreiner-Handgriffe abzugucken.

Semo dagegen, der arbeitete wie ein Roboter. Man konnte ihn irgendwo hinstellen, ihn heißen, einen Graben zu graben. Er grub in der angefangenen Richtung geradeaus weiter – einfach so lange, bis man ihn stoppte.

Ferid war noch keine Woche lang hier, als ich ihn leise fluchen hörte – auf schweizerdeutsch mit Bündner-Oberländer-Romanischem Akzent, genau jenem Akzent, mit dem Bruno spricht. Bruno ist Ferids Idol. Deshalb ahmt er auch seine Sprache nach und nicht etwa diejenige von Wisi oder Luzi. Wobei noch zu bemerken wäre, daß jene beiden nicht fluchen ...

Unser Bau ging nun aber mit Riesenschritten vorwärts. Luzi hatte sich entschieden, das Mauerwerk aus Luftbetonsteinen zu machen. Die sehen aus wie überdimensionierte Bauklötze aus einem Kinderbaukasten. Sie sind relativ leicht, isolieren ganz ausgezeichnet. Ich lernte, was ein k-Wert ist. Nämlich die «Bremswirkung», welche ein Material der Temperatur – Kälte oder Wärme – entgegensetzt. Und die Luftbausteine haben einen solchen k-Wert von 0,24 für fünfunddreißig Zentimeter Wandstärke.

Der Vorteil dieser Bauweise ist einerseits das geringe Gewicht, dann – eben – der Isolierwert; der Nachteil, daß das Volumen der Mauern etwas größer als bei normalem Mauerwerk ist – und daß das Ganze im Rohbau fürchterlich, aber ganz furchtbar fürchterlich ausschaut! So wie ein Betonbau halt eben nun ausschaut.

Und schon kamen die Kritiken! Eine ältere Frau, die ich bei der Brücke antraf, hätte mich wohl am liebsten gesteinigt. Daß ich – aber ausgerechnet ich – ein derart gräßliches Bauwerk hier in der schönen Natur aufstelle. Nein, das könne sie nicht begreifen. Sie ließ mich nicht zu Worte kommen, schleuderte mir bloß noch ins Gesicht, daß sie fürderhin meine Bücher nicht mehr zu kaufen gedenke – dann rauschte sie davon. Ein wutschnaubendes Bündel geballten Zorns. Hätte sie mir zugehört, dann hätte ich ihr erklärt, daß ein Teil der Fassade mit Bruchsteinen verkleidet werde – und der Rest mit einem grauen groben Verputz versehen. Von außen war das Haus dann wie die übrigen Häuser dieser Gegend – und obendrauf kam sogar ein Steindach – aber so weit waren wir noch lange nicht.

***

Irgendwann während dieses turbulenten Sommers hatte ich eine Urkunde bekommen und eine Art Orden, rund, mit Rüschchen und Schleifchen ringsum. Auf dem Orden stand schlicht das Wort «Impresario», auf der Urkunde wurde in ergreifend komplizierten Sätzen und altmodischer Orthographie sowohl der Um- als auch der Nachwelt dargethan, daß «die züchtige Jungfrau Susi» und «die ehrenwerte Frau Gabi» die «löbliche Kathrin» zu ihrem Impresario erkoren hatten. Dies zum Zwecke der weiteren Verbreitung ihrer (Susis und Gabis) unnachahmlichen, edlen und herzerfreuenden Gesangs- und Instrumentalkunst.

Bevor ich dieses verantwortungsvolle Amt aber übernehmen konnte, mußte ich mich von der Güte dieser Kunst überzeugen. Ich kaufe kein Amt im Sack. Ich machte zur Bedingung, daß die beiden vor Publikum singen mußten. Reagierte das Publikum gut, würde ich mich für sie einsetzen. Ich wußte schon wie, aber das behielt ich vorläufig für mich.

An einem regnerischen Abend fuhren wir alle ins Grotto. In jenem Grotto zuhinterst im Tal links, dort werden wir mit offenen Armen empfangen — auch wenn noch so viele Leute da sind. Dort herrscht eine Freundlichkeit, Herzlichkeit,

die man nicht überall finden kann. Jede Servier-
tochter – und hätte sie noch so alle Hände voll zu
tun – kommt schnell vorbei, um uns ein paar nette
Worte zu sagen, zu sagen, wie sehr sie sich freut,
daß wir – ausgerechnet wir – da sind.

Wir haben den leisen Verdacht, daß die Portionen, die sie uns bringen, noch größer sind als die
normalen. Und immer spendiert der Paolo, der
Wirt, noch eine Extra-Runde für uns.

An jenem Abend also, da hatten wir zum
Glück den großen, runden Tisch beim Kamin –
das Chambre séparée – reservieren lassen. Das
Grotto war gestopft voll. Es wurde gelacht. An
ein, zwei Tischen spielten sie Karten. Ich war
gespannt. Würden Susi und Gabi sich mit ihrer
Musik in diesem Getümmel Gehör verschaffen
können?

Nachdem wir unsere Minestrone und die verschiedenen Wurst- und Käsesorten probiert, gegessen, genossen hatten, wurde es Zeit für den
großen Auftritt. Ich bemerkte, daß Susis Hände
ein bißchen zitterten. Lampenfieber?

Sie stimmten ihre Gitarren. Gar nicht leicht,
wenn man dies inmitten von Stimmengewirr, Glä-
serklingen tun soll – und kein Mensch nur die
geringste Rücksicht nimmt, keiner wenigstens ein
bißchen leiser spricht oder lacht.

Am Tisch nebenan saßen Deutschschweizer. Sie wurden aufmerksam.

«Was sollen wir zuerst singen?»

«Das Lied vom Mädchen, das schön ist wie eine Blume, voller Poesie. Das ist ja doch so etwas wie die geheime Nationalhymne hier.»

Sie spielten ein kleines, sozusagen ein zierliches, Vorspiel, eines das ich noch nie gehört hatte, dann setzten ihre Stimmen ein:

Bella sei come un fiore pieno di poesia
per me tu sei l'amore tutta la vita mia
senti bambina prestami attenzion'
voglio cantarti una canzon'.

Vieni con me su in valle, o bella verzaschina
noi canteremo unit'in cor i dolci canti del amor
ti donnero un bel fiore color del ciel sereno
che va dicendo a te non ti scordar di me.

L'estate è terminato e giù al pian'tu scendi
la valle tu hai lasciato e alla vendemmia attendi
la tra i vigneti brilla il sole d'or
mentre festoso s'alza un cor.

Vieni con me su in valle, o bella verzaschina
noi canteremo unit'in cor i dolci canti del amor
ti donnero un bel fiore color del ciel sereno
che va dicendo a te non ti scordar di me.

Und beim Refrain, da sangen alle, da sang das ganze Grotto mit — und nicht nur das, in einer andern Ecke hatte ein junger Bursch eine Trompete hervorgezogen, die er so meisterhaft blies, wie Susi und Gabi Gitarre spielten.

Der Bann war gebrochen. Susis Hände zitterten kein bißchen mehr. Susi und Gabi waren in Form — und brachten uns ein ganz beachtliches Repertoire an Tessiner Liedern, an italienischen Liedern zu Gehör — eingeübt an vielen Abenden im Pfarrhaus, deshalb wußte ich von allem nichts.

Der junge Mann mit der Trompete war es, der offenbar nun eine Änderung des Programms wünschte und einen Blues anstimmte. Da wußte ich, daß Susi bestimmt mithalten konnte und erinnerte mich an den komischen Vorfall vor mehr als vier Jahren, aus dem dann eine spaßige Tradition entstanden ist:

Die fünfzehnjährige Fränzi, die damals bei uns war, war total verrückt, wenn es um Hitparaden-Musik ging. Sie brachte uns dazu, jeden Sonntagabend mucksmäuschenstill eine Stunde lang die Radio-Hitparade über uns ergehen zu lassen, und entsprechend gottergeben das hie und da für meine Ohren fürchterliche Gedudel anzuhören. Aber wir hatten ja nur den einen geheizten Raum — und weil Fränzi sich sonst redlich Mühe gab, uns gegenüber rücksichtsvoll zu sein, nahmen wir jene ohrenquälende Stunde auf uns. Manchmal gab es ja auch Lieder, die uns gefielen. Ich weiß noch, eines war «ti amo – ich liebe Dich». Das versetzte Fränzi so sehr in Ekstase, daß sie das Licht zu löschen wünschte, um noch besser, inniger, intensiver zuhören zu können.

Ich ging dann meistens in unsere kleine Dusche zur Nachttoilette.

Und eines Abends, da hörte ich beim Zähneputzen plötzlich einen Blues. Gepfiffen so wie einer, der gut pfeifen kann, vor sich hinpfeift – und Gitarrenbegleitung dazu. Ich stürzte aus der Türe, das Zahnbürstchen in der Hand, den Mund voller Schaum, um Susi speziell auf diese Musik aufmerksam zu machen, weil ich wußte, daß sie sie so gern mag wie ich ...

Da saß Susi im eiskalten Gang auf der Treppe, die Gitarre in der Hand. Sie war es, die pfiff und sich selbst dazu begleitete. Seit damals bekam ich, wenn es sich grad ergab, ein Blues-Konzertchen, während ich mir den Staub oder die Erde oder auch den Mist vom Gesicht wusch. Eine Tradition, der mein Barackenleben ein Ende – hoffentlich nur ein vorläufiges – gesetzt hatte.

Nun blies also der Bursche Blues. Susi und Gabi setzten ein. Ohne Absprache, ohne zuerst zu üben, boten sie uns ein Konzert auch dieser Art.

Keiner der Gäste ging heim. Wir blieben sitzen, sangen hie und da mit. Bis wann, das sage ich nicht. Paolo soll unsertwegen nicht eine Buße wegen Überschreiten der Polizeistunde bekommen ...

Eins war sicher: Impresario der «Montanara Ramblers» zu sein, das war eine Ehre, der ich gerecht werden wollte.

Vor ein paar Jahren hatte ich einige Radiosendungen gemacht. Ich hatte erzählt, wie es bei uns zugeht, auch eine Sendung über unsere Tiere hatte es gegeben. Die einzelnen Kapitel wurden umrahmt von Musik aus dem Tessin. Beat, der Mann einer lieben Freundin von mir, Schallplattenproduzent, hatte damals angeregt, auf diese Art eine Langspielplatte zu machen. Ich weiß nicht genau weshalb, aber wohl einfach durch all unsere andern Abenteuer und Erlebnisse gehindert, hatte ich jene Anregung vergessen. Nun war sie wieder in meinen Gedanken aufgetaucht. Susi und Gabi konnten die Begleitmusik singen und spielen und hatten damit ein Sprungbrett für weitere Produktionen, die sie dann wohl ohne mein Zutun fertigbrachten.

Blutiger Laie, der ich bin, stellte ich mir vor, das Besprechen und Besingen einer Schallplatte sei etwa ein Parallelvorgang zum Schreiben eines Buches. Anstatt geschriebener Seiten lieferte man gesprochene Sätze oder gesungene Lieder, die nun nicht gedruckt, sondern gepreßt, in eine Schutzhülle gesteckt und verkauft wurden. Den Erlös für uns Produzierende, einen gewissen Prozentsatz des Schallplattenpreises, den teilten wir durch drei und Ende.

Daß ich von meinem Drittel wiederum einen Prozentsatz meinem Verleger, der ja die Rechte für meine Bücher erworben hat, zurückzugeben hatte, war mir klar. Denn ich hatte vor, in meiner Mundart Geschichten zu erzählen, die in schriftdeutscher Fassung schon in den Büchern enthalten waren. Davon brauchte ich aber den Mädchen (verzeih, Gabi, ich weiß, daß du es hassest, wenn man von «den Mädchen» spricht, wo du doch einen Mann und zwei Töchterchen hast) also Susi und Gabi nichts zu sagen. Das war meine Sache.

Wer nun aber Lieder singt und spielt, hat dem Dichter und dem Komponisten für dessen Urheberrecht ebenfalls Dividenden zu entrichten. Das ist eigentlich logisch und nicht mehr als recht. Aber bei Susis und Gabis Liedern, meist Volksliedern, war es schwer oder fast immer einfach unmöglich, herauszufinden, von wem sie stammten.

Schließlich und endlich, nach langem Verhandeln, Studieren, Überlegen bekam ich für die Schallplatte zwei Verträge. Einen «Künstlervertrag» und einen «Autorenvertrag», Susi und Gabi je einen «Künstlervertrag» mit unendlichen Verklausulierungen, Paragraphen, Prozenten und Anteilen. Ich muß gestehen, mein einfaches Gemüt kam da nicht mehr ganz mit. Im stillen ärgerte ich mich sogar, die Schallplatte sozusagen angezettelt zu haben. Gegen Paragraphen habe ich eine Abneigung, die, je älter ich werde, um so größer wird.

Die Schallplatte sollte rechtzeitig zu Weihnachten herauskommen. Die Aufnahmen wurden auf Mitte Oktober festgesetzt. Auch etwas, das nicht gleich läuft wie das Bücherschreiben. Mindestens vier Monate dauerte es vom Augenblick an, wo ich mein Manuskript abgab, bis zu demjenigen, wo man das Buch in der Buchhandlung kaufen konnte. Und bei einer Schallplatte genügte eine Zeit von drei, vier Wochen, vielleicht sogar noch weniger.

Ich beschloß, meine Idee, hier Parallelen ziehen zu wollen, in Zukunft zu vergessen.

Ich reiste an den Zürichsee, dort war das Aufnahmestudio, einen Tag eher als Susi und Gabi. Der besprochene Teil der Schallplatte war um etliches länger als der besungene.

Erneut stolperte ich über meine Manie, Parallelen zu ziehen.

Ein Tonband für eine Radiosendung zu besprechen, ist beileibe nicht dasselbe wie eine Schallplatte machen. Bei den Radiosendungen war ich angehalten worden, meine Stimme nicht zu sehr schwanken zu lassen, also stets eher in der ungefähr gleichen Tonstärke zu sprechen. Das tat ich nun auch und bekam prompt den Verweis, etwas temperamentvoller und nicht wie eine lahme Ente zu lesen. Der Vergleich ärgerte mich. Eine lahme Ente habe ich noch nie gesehen und gehört. Aber richtige Enten, wie die meinen, die eine Tonskala vom zartesten Geschichtleingeschnatter bis zum empörten Quaken beherrschten. Also gut, ich versuchte es.

Man muß sich schon daran gewöhnen, in dem schalldichten Raum zu sitzen, umgeben von Kabeln, Mikrophonen, Lampen, Notenständern, Stühlen – und dann temperamentvoll in ein derart technisches Ding, wie es ein Mikrophon ist, zu sprechen. Machte ich nur den allergeringsten Versprecher, wurde ich unterbrochen, mußte wieder neu anfangen. Je öfter ich dieselbe Stelle lesen mußte, desto unsicherer wurde ich. Gegen Mittag fragte mich die Stimme des Produzenten mitten in einem Satz, ob ich Hunger habe. Ich drückte auf den Sprechknopf und bejahte.

Knopf drücken, fragen: «Woher wißt ihr denn das?» Knopf loslassen.

«Wir haben es gehört, dein Magen hat geknurrt.»

Am späten Nachmittag waren wir fertig. Jimmy, der Tonmeister, der mit einem drolligen englischen Akzent gut Schweizerdeutsch spricht, rief mich in sein Studio zum Zuhören.

Da war nun aber eine Passage, die gefiel mir nicht.

«Ich probier's nochmal.»

Wiederum kehrte ich zurück in meine Kammer, las jene Stelle, wo das Huhn Marta krank ist und «gruu-gruu» zu mir sagte.

«Komm mal um zuzuhören», bat mich Jimmy.

Wenn man die am Vormittag gesprochenen Sätze nun zusammenhängte mit den vorhin gesprochenen... fürchterlich war es. Meine Stimme klang müde, schwunglos. Nun wußte ich, wie die Stimme einer lahmen Ente tönt.

Es brauchte nochmal ein paar Anläufe, bis wir alle zufrieden waren. Jimmy half mir, indem er mir zuerst den bereits aufgenommenen zufriedenstellenden Teil vorspielte, und ich mußte dann mit dem gleichen Elan einsetzen. Schließlich war es so, daß Jimmy «serr gudd» sagte, ein Tuch hervorkramte und über sein kompliziertes Aufnahmepult breitete.

Mir wurde bange, wenn ich an die Quälerei dachte, die Susi und Gabi morgen durchzustehen hatten. Wenn Lesen schon so schwer war – wo es doch nur um meine Stimme ging und um Worte, die ich ablesen konnte, wie kam das heraus mit zwei Instrumenten, mit zwei Stimmen, mit zwei Köpfen, die die Texte auswendig wissen mußten?

Die Heilige Cäcilia – sie war wohl die geeignetste Schutzheilige dafür – mochte den beiden beistehen.

Sie hatten den Beistand nötig. Was in einem von Stimmen erfüllten Raum sauber gespielt, rein gesungen klang, das war, empfangen und wiedergegeben von technisch präzisesten Apparaturen, unrein, ungenau, mit einem Wort: gräßlich. Der Hochstimmung, mit der die beiden angekommen waren, folgte so viel Enttäuschung, daß ich am liebsten mit Gabi, der die Tränen zuvorderst saßen, mitgeheult hätte. Susi mit ihrem Berner Gemüt machten die ewigen Wiederholungsbefehle aber wenig Eindruck. Als Gabi um eine Pause bat, um ihr aufgebrachtes Nervensystem wieder in weniger wogende Bahnen zu bringen, pfiff ihr Susi ganz leise ein Wiegenliedchen vor. Mit dem Effekt, daß Jimmy aufsprang und darauf bestand, eines der Lieder so zu arrangieren, daß Susi die Melodie nicht sang, sondern pfiff. Also setzten sie sich hin, arrangierten um, arrangierten neu. Zur Abwechslung blies Susi auch auf der Bambusflöte. Das, was sich nach anderthalb Tagen Arbeit dann ergab, war sehr hübsch, sehr erfreulich. Vermutlich fühlte ich mich so wie eine Glucke, deren zwei erste Hühnchen das erste Ei gelegt haben: stolz.

* * *

Mitte Oktober fiel der erste Reif. In jener Nacht fror ich wie ein Hund – und sie froren offenbar auch, unsere Hunde. Sie hatten sich, während ich schlief, beide auf mein Bett geschlichen. Eigentlich hasse ich das, aber da war ich um ihre Wärme froh, so wie sie wahrscheinlich um die meinige. Und ich schreibe dies hier offen und ehrlich, auch wenn ich weiß, daß es Leute gibt, die dies äußerst pervers finden. Sollen sie!

Nun wurde die Kabelrolle montiert. Nicht, damit ich eine Beleuchtung hätte, sondern um den elektrischen Bettwärmer einschalten zu können. Diese Bettwärmer, die in der Stunde etwa zwanzig Watt Strom verbrauchen, werden auf die Matratze unter das Leintuch gelegt und eine Stunde vor dem Ins-Bett-Gehen eingeschaltet. Ich mache jede Wette, daß sie in ein paar Jahren zur Normalausrüstung eines jeden Schlafzimmers gehören. Sie ermöglichen es einem, gesund und wohlig warm zu schlafen auch in einem Raum, dessen Temperatur unter Null Grad liegt. Ich decke mich auch im Sommer mit einer Decke aus Schafwollvlies zu. Jetzt nahm ich deren zwei – und war überzeugt, den ganzen Winter so überstehen zu können. In meiner Baracke war es trocken und luftig. Mehr brauchte ich nicht.

Alle, die im Pfarrhaus schliefen, die jammerten – trotz der Bettwärmer. Das Haus hat wohl dicke Mauern. Aber die waren jetzt feucht. Nun blieb mir gar nichts anderes übrig, als mich nach einer andern Unterkunft umzusehen. Unsere Mannschaft hatte sich allerdings verkleinert. Heidi und Isabel waren weggegangen. Reni und Gabriela wollten uns Ende Oktober verlassen – das war immer so abgemacht gewesen. Dann blieben noch Susi und die Baumannschaft übrig.

Irgendwo geht immer zur rechten Zeit ein Türchen auf. Hier waren es drei Türen zu drei soeben fertiggestellten kleinen Wohnungen, die eigentlich einem ganz andern Zweck hätten dienen sollen. Die Wohnungen waren im ersten Stock eines großen, am Hang gelegenen ehemaligen Holzschuppens eingerichtet, hatten je eine Küche mit zwei Kochplatten, eine Dusche, ein Wohnzimmer mit

Holzofen und – auf einer Galerie – zwei Betten. Der Eingang war infolge der Hanglage des Gebäudes ebenerdig – untendrin würde es später ein Lokal für ein Ladengeschäft oder etwas ähnliches geben. Diesen Palazzo konnte ich also mieten. «Palazzo» hat im hiesigen Sprachgebrauch nicht etwa den Sinn von «Palast», sondern von «Wohnblock». Das sollte man wissen, um sich keine falschen Illusionen zu machen, wenn man von jemandem hört, der hierzulande in einem Palazzo wohnt. Im ersten und einzigen Wohnblock von Froda zogen nun also Susi, Luzi, Bruno, Wisi und die beiden Jugoslawen ein. Sie waren so froh über ihren Wohnungswechsel, daß sie sich fühlten, als ob sie in einem Palast wohnten. Wenn das Wetter nicht ganz strahlend war, wurde es nun auch zu kalt, um im Garten zu essen. Wir beschlossen deshalb, auch das Domizil unserer Küche zu wechseln. Nun war ich nur noch zum Schlafen beim Haus – und tagsüber wurde gearbeitet. Susi hütete das provisorische Lädeli, das wir in der äußersten Wohnung eröffnet hatten. Das war unumgänglich. Zu viele Leute kamen zu uns, um Bücher und Wolle zu kaufen.

Ich litt unter der Verbannung – mehr als ich das irgend jemandem sagen konnte, und mehr als irgend einer verstehen konnte. Noch jemand litt, wahrscheinlich noch mehr als ich, und das tat mir unsäglich weh – aber ich konnte nichts dagegen tun: unsere Fritzlikatze. Ich hatte Fritzli vor fünfeinhalb Jahren als zwei Tage altes Kätzchen von Emilia bekommen, als meine Bimbokatze tote Junge geboren hatte. Luzi hatte sich bei Olimpio ein Stemmeisen leihen wollen und mitsamt dem Stemmeisen auch eine Schuhschachtel mit dem roten, wie Emilia sagte, «häßlichen Dingelchen» drin mitgebracht. Das häßliche Ding entwickelte sich zu einem wunderschönen, langhaarigen roten Kater mit bernsteinfarbigen Augen.

Von all den Katzen, die ich kenne, war Fritzli nicht nur der intelligenteste, der Türen öffnen konnte, der die Leute am Schritt unterscheiden konnte, dessen anscheinend logisches Denken mich oft verblüffte, nein, er war zugleich das zärtlichste, anhänglichste Katzentier – und das will bei dieser Rasse etwas heißen. Er hatte es auch im «Köpfchengeben» zu wahrer Meisterschaft gebracht. Richtete er sich doch ausgestreckt auf den Hinterbeinen auf, um mir diese Katzenzärtlichkeit zu erweisen. Wenn er das tun wollte, schaute er mir mit einem bestimmten, festen, fordernden Blick geradewegs ins Herz. Dann wußte ich, daß ich mich vornüberneigen mußte. Die Hände mußte ich aber auf dem Rücken lassen.

Fritzli hatte sein Revier unterhalb des Hauses, über der Wiese beim Fluß und bis zum kleinen Weilerchen, wo wir die Milchschafe und Esel wintersüber haben. Während des Winters kam er auch hie und da mit über die Brücke und bis zum großen Schafstall der Gemeinde, um uns dort Gesellschaft zu leisten, Mäuse im Heustock zu fangen, bis wir unsere dortige Fütterungsarbeit beendet hatten. Im Sommer begleitete er die Milchschafe und Esel bis nach Cortino – dort wo jetzt der biologische Garten ist. Man sieht, er kannte sich weiterum gut aus.

Er war auch ungemein pünktlich. Er erschien zu den Mahlzeiten und immer auch zu unserm Mittagessen, obwohl ich die Katzen nur abends und morgens füttere. Früher hatte ich die Katzen abends im Haus eingesperrt. Ich fürchte mich vor den Füchsen. Nun war das nicht mehr möglich. Fritzli begab sich aber jede Nacht in sein Körbchen in der Baracke. Dort blieb er bis am Morgen. Sein Tagesablauf war während fünf Jahren so geprägt – so hielt er es auch weiter.

Nun aber war er plötzlich verschwunden. Alle lachten mich aus, weil ich ihn verzweifelt suchte. Denn – auch das war eine seiner rührenden Gewohnheiten – wenn er mich rufen hörte, dann gab er mir Antwort und kam, so schnell er das konnte.

Ein paar Tage war er schon weg. Da es Jagdzeit war, lag auch die Vermutung nahe, daß ein Jäger, ein Anfänger-Jäger, ihn mit einem Fuchs verwechselt haben konnte. Sein buschiger Schwanz konnte einen schon an einen Fuchsschweif erinnern. Sieben Katzen hatten wir, alle lieb, alle anhänglich. Aber ausgerechnet Fritzli, der liebste, der anhänglichste, mußte verschwinden.

«Tu doch nicht so. Der Fritzli ist zu gescheit, um sich erwischen zu lassen. Weder von einem Fuchs noch von einem Jäger», versuchte Susi mich zu trösten. Ich suchte weiter. Ich rief, kletterte durch den Wald, rief – und dachte, leichter sei es, die Nadel im berühmten Heuhaufen zu finden, als eine möglicherweise verletzte Katze im riesigen Wald.

Nach ein paar weiteren Tagen war Fritzli wieder da. Ausgemergelt, abgemagert.

«Hab' ich nicht recht gehabt?» fragte Susi.

Fritzli verweigerte trotz seiner Magerkeit das Futter. Ich begann ihn in einer Extra-Ecke mit all dem zu füttern, was ich als seine Leckerbissen kannte.

«Verwöhn' ihn, deinen Liebling», neckten sie mich.

Ja, ich wollte ihn verwöhnen. Ich wollte, daß sein Fell wieder glänzend und dicht wurde, daß er wieder jenen Ausdruck im Gesicht bekam, der aussah, als ob er lachte ...

Nachts kam er, wollte nicht mehr in seinem Korb schlafen. Er schlüpfte am Fußende unter die Bettdecke. Wahrscheinlich hatte er die Wärme des Bettwärmers entdeckt. Die Hunde waren unterdessen nachtsüber auch im Palazzo untergebracht.

Gar niemandem habe ich es gesagt, wie sehr es mich bedrückte, wegzumüssen. Bald begann meine Signierreise. Bis Mitte Dezember würde ich fortsein. Niemand mehr war nun da, um abends über Fritzlis Kopf zu streicheln. Daß sie ihn weiterhin so verwöhnen würden, wie ich es jetzt tat, dessen war ich gewiß. Aber Fritzli brauchte mehr als einen mit Leckerbissen gefüllten Teller. Er brauchte ein Daheim. Er brauchte die Wärme der Wohnstube, unsere Gesellschaft, das Geborgensein – lauter Dinge, die auch mir fehlten. Denn ich merkte, daß ich «daheim» nur hier in meinem Haus war, hier bei meinen Tieren – und sonst nirgends auf der Welt.

Und unser Daheim bestand aus häßlichen Betonmauern, aus Öffnungen ohne Fenster, durch die der Novemberwind hindurchheulte. Ein Ort, von dem schnellstens fortzukommen man sich wünschen konnte.

Ein Glück, daß unsere Baumannschaft nicht so

verzagt war wie ich. Sie taten ihr Bestes, um vorwärtszukommen. Bevor es schneite, sollte das Dach auf den Mauern sein. Nicht das Steindach, das würde erst im Frühjahr gemacht werden. Aber die Balken, die Steinwolle, die verschweißte und beschwerte Dachpappe. Waren wir erst soweit, dann konnten die Innenarbeiten während des Winters gemacht werden.

In der ersten Novemberwoche mußte ich verreisen. Zwei Tage vorher war Fritzli wieder verschwunden. Zum letzten Mal hatte ich ihn gesehen, wie er bei Emilias Stall vor der Türe des Heustocks saß. Obwohl sie mich alle auslachten, ich wußte, daß er mir nie mehr ins Herz schauen würde ...

* * *

Mit meinem Koffer beladen, traf ich auf der Brücke Emilia.

«Schöne Ferien», wünschte sie mir. Sie weiß zwar, daß ich mich dagegen wehre, eine Signierreise als Ferien zu bezeichnen. Aber für sie ist von hier weggehen gleich Urlaub.

«Wo wirst du schlafen, wenn du wieder heimkommst?» erkundigte sie sich.

«Falls die mir nicht bis dann ein Kämmerchen bewohnbar gemacht haben, halt wieder in der Baracke», erklärte ich ihr.

«Du bist verrückt, aber total verrückt. Und das lasse ich auf gar keinen Fall zu. Das ist viel zu kalt. Und die Jüngste bist du doch auch nicht mehr.»

Emilia ereiferte sich – und ich hätte sie am liebsten umarmt. Ihre Fürsorge war so rührend. Und ich wußte, was nun kommen würde:

«Wenn die es nicht fertigbringen, für dich ein Dach überm Kopf bereitzuhalten, dann kommst du halt zu uns. Keine Widerrede. Basta.»

In mir kicherte es. Emilia würde Luzi und Bruno antreiben, ihr allermöglichstes tun, damit der Hausbau vorwärts ginge. Und wehe dem, der nicht gehorcht, wenn Emilia befiehlt!

Mir machte die Aussicht, wieder in meiner luftigen Unterkunft zu schlafen, keine Bange. Bloß daß Emilia deswegen so aufgebracht war, ließ mich nachdenken. Wenn ein Stadtmensch sich entsetzte, nun ja. Aber Emilia, die doch das Leben auf der Alp unter viel primitiveren Umständen kannte ... Ich schrieb es einfach ihrer schwesterlichen Fürsorge zu. Und in meinem Herzen quoll wiederum jenes warme Gefühl auf, wie immer, wenn ich an Emilia dachte.

Dann reiste ich, wie all die letzten Jahre, kreuz und quer durch die Schweiz, hielt Lesungen, unterschrieb Bücher, sprach mit meinen Leserinnen und Lesern. In der Zwischenzeit bin ich so etwas wie ein Signierprofi geworden – und gleichzeitig ein Fahrplanlesespezialist, ein Hotelexperte, ein Fachmann in der Wirtschaftsgeographie der Schweiz. Wobei ich unter Wirtschaft nicht unser großes Handelsgefüge, sondern große und kleine, nette und andere, sogar vornehme – eben – Wirtschaften meine. Ich kenne die einzelnen Buchhändler mit ihren einzelnen Wünschen. Ich weiß, wo ich mir Zeit nehmen muß, um das zu tun, was man «Vorsignieren» nennt. In jenen Buchhandlungen liegen Stapel bereits ausgepackter Bücher bereit, die signiert bestellt wurden. Für jedes Buch, das ich dann unterschreibe, tut es mir leid. Eine Unterschrift des Autors soll doch so etwas wie eine Bestätigung sein, daß der Besitzer des Buches mit dem Schreiber ein paar Worte gewechselt hat. Aber da irre ich mich wohl.

Ich weiß auch, in welchen Buchhandlungen ich einen rechten Tisch und einen rechten Stuhl erwarten kann, auch, wo man mich an irgendein niedriges Salontischchen mit einem unbequemen Hocker setzt, wo ich dann zwischen den Gesprächen mit meinen Lesern mit gequältem Lächeln versuche, meine etwas lang geratenen Beine andersherum übereinanderzuschlagen. Ich kenne auch die Orte, wo man mich gleich bei der Eingangstür plaziert und der Winterwind bei jedem ein- und ausgehenden Kunden mir um die Ohren weht. Für jene Fälle habe ich meinen dicksten Pullover im Gepäck.

Es ist gut, daß ich gelernt habe, allein zu sein. Denn, obwohl ich unendlich vielen Leuten begegne: am Ende des Tages und auf der Reise von einem Ort zum andern, da bin ich allein. Sieben, acht Wochen lang. Wie manchen erheiternden Moment gibt es, den ich nicht richtig genießen kann, wenn ich bloß mit mir allein lachen muß – aber das ist nun mal so. Oft komme ich an Orte, die ich von früher her kenne, die mich an Leute erinnern, die mir nicht mehr nahestehen. Das könnte mich melancholisch machen. Dann aber tröste ich mich damit, daß meine Freunde, meine wirklichen Freunde, mich ja bei mir zuhause besuchen, und daß ich mit ihnen den Kontakt eher noch vertieft habe. Meine innere Stimme tröstet mich dann auch damit, daß man eben nicht alles auf Erden haben kann. Und das was ich bekommen habe, ist weiß Gott schon so sehr viel. – So viel, daß ich auch gelernt habe, den Neid zu ertragen, ohne mich zu wehren.

Wie schön es ist, nicht allein auf meiner Reise zu sein, erlebe ich, als Susi und Gabi zum ersten

Mal mit von der Partie waren. Wenn mal irgendwo, wo wir drei zusammen lesen und singen, ein Pferd gestohlen würde, dann könnte man es vermutlich bei uns finden. Wir sind nämlich jene Art von Team, wo solche Dinge vorkommen sollen.

Ich mache mir für meine Lesungen nie ein Programm zurecht. Irgendwie fühle ich aus der Stimmung des Publikums, was ihm gefallen könnte. Ein Kapitel allerdings, das lese ich nie mehr. Dasjenige von Fiorentes Beerdigung. Da übernahm es mich so, daß ich weinen mußte. Weinende Autoren sind aber wahrscheinlich beim Publikum nicht sehr gefragt. Im Gegenteil. Ich versuche, jedem einzelnen, der zu meiner Lesung kommt, etwas mitzugeben. Hoffnung, oder die Gewißheit, daß sich immer wieder Türchen auftun. Oder die Überlegung, daß man Dinge, die nun mal nicht zu ändern sind, besser mit Gelassenheit trägt, als sich dagegen aufzulehnen.

Während jener ersten Lesung mit Susis und Gabis Unterstützung hatte ich zum ersten Mal Gelegenheit, mir die Gesichter unserer Zuhörer in aller Ruhe anzusehen.

Viele alte und ältere Leute waren dabei – aber auch ein junger Mann im Rollstuhl. Wenn sie meinen Worten so aufmerksam folgten, wie Susis und Gabis Gesang, dann konnten wir ihnen wirklich etwas mitgeben. Und die danach eintreffenden Leserbriefe bestätigten es uns denn auch – sie bestätigten mich auch darin, weiterzufahren mit meiner Art, Bücher zu schreiben.

Ich werde mich auch weiterhin hüten, meine persönlichen Probleme aufzuzeichnen, die die Leser belasten könnten. Wer ein Buch der Kathrin Rüegg kauft, der soll wissen, wohl einen Bericht über tausend Hemmnisse und Hindernisse, nicht aber über unehrliche, undankbare, neidische Menschen, auch nicht kritische oder noch schlimmer kritisch-analytische (was immer das auch heißen mag) Berichte vorgesetzt zu bekommen. Das überlasse ich den andern. Und von denen gibt es auch ohne mich schon übergenug.

Am betrüblichsten scheint mir die Tatsache, daß Frauenzeitschriften, von Frauen geschrieben, von Frauen gelesen, glauben, ihren Leserinnen Interessantes zu bieten, wenn sie über bücherschreibende, erfolgreiche Frauen herfallen wie kläffende Köter. Auch ich bin da schon ganz schön drangenommen worden. Wie viele meiner Leserinnen haben sich schon empört, mir derartige Artikel mitsamt den Kopien ihrer Protestbriefe an die entsprechenden Redaktionen zugestellt, von mir gefordert, mich zu wehren!

Wozu auch? Wenn ich mir vorstelle, wie frustriert man werden kann, wenn man über tausend Nebensächlichkeiten schreiben muß in Zeitschriften, die nach außen Glamour, Mode und Schönheit der Frau besingen, und hintendran steht der Verleger und droht, weil die Verkaufszahlen sinken, dann tun mir die Armen, die dafür schreiben müssen, schlicht und einfach leid. Und gegen Leute, die mir leid tun, mag ich mich schon gar nicht wehren. Da ist Bedauern eher am Platz.

* * *

Nun aber zurück zu meiner Signierreise. Ein großes Handicap hatte diese: ich hatte kaum die Möglichkeit, nach Hause zu telefonieren. Im Palazzo gab es kein Telefon, im Neubau war es vorläufig in der Küche montiert. Dies war der einzige Ort, wo kein Durchzug herrschte und den wir abschließen konnten. Luzi hatte dort eine Art Büro errichtet. Vermutlich versorgte er die Dossiers im Backofen. War er aber nicht dort, dann hörte niemand das Klingeln des Telefons. Ich war verzweifelt, denn der verschwundene Fritzli beschäftigte mich. Um so glücklicher war ich, nach ein paar Tagen zu vernehmen, er sei wieder zum Vorschein gekommen. Verletzt habe er sich morgens zum Schafstall geschleppt. Er sei nun noch mehr abgemagert – und im Rücken habe er zwei tiefe Bißwunden.

Der Fuchs! Meine Bedenken waren also nicht unberechtigt gewesen. Der Tierarzt hatte ihn narkotisieren müssen, um die Wunden zu versorgen.

«Haltet ihn um Himmels willen warm!»

Das konnte ich allen nicht flehentlich genug ans Herz legen – und das ist viel zu wenig bekannt: kranke und geschwächte Katzen haben oft Untertemperatur. Und dann ist es eine Frage von Stunden, daß sie eine Lungenentzündung bekommen und eingehen. Es genügt auch nicht, sie nur auf einer an sich warmen Unterlage zu halten, wie zum Beispiel auf einem Schaffell. Es muß noch eine eigentliche Wärmequelle her. Am besten ein Heizkissen oder Wärmeflaschen. Auch sollten sie nichts Kaltes trinken.

Ich wußte, daß für Fritzli alles getan wurde, war einigermaßen beruhigt, reiste weiter, las vor, unterschrieb Bücher.

Beim nächsten Anruf aber erfuhr ich es dann: Fritzli war tot. Jeden Tag waren sie mit ihm nach Locarno zum Tierarzt gefahren. Er hatte Infusionen bekommen und die erforderlichen Medikamente. Denn Fritzli war vergiftet worden. Nicht, weil jemand ihn beseitigen wollte. Das traue ich niemandem zu. Aber sehr wahrscheinlich hatte er eine vergiftete Maus gefressen. Das Gift wirkt bei Katzen sehr langsam.

Als er sich einigermaßen wieder aufgerappelt hatte, hatte ihn der Fuchs erwischt – und das war zuviel gewesen. Wenn ich es mir recht überlegte: meine Bimbokatze war ebenfalls im Spätherbst gestorben. Ebenfalls an Mäusegift. Sie hatte ihr Revier am gleichen Ort wie Fritzli gehabt: im Weiler am Fluß. Der ist im Sommer bewohnt, im Winter nicht.

Ich weiß selbst, wie eklig die Mäuseplage in lange unbewohnten Häusern sein kann. Wenn die Biester sogar Bücher und Betten und Bilder anfressen. Man kann es also niemandem verübeln, wenn er vorsichtshalber Gift streut. Verübeln sollte man es den Verkaufsstellen, den Herstellern, daß sie auf die Gefahren dieser Gifte nicht besser hinweisen und sich keine Mäusevertilgungsart einfallen lassen, der dann nicht noch andere Tiere geopfert werden müssen.

Noch eine andere Nachricht bekam ich erst mit Verzögerung: das Tragseil der Seilbahn war gerissen! Eine mit Bruchsteinen für die Fassadenverkleidung beladene Fuhre war in den Fluß gefallen und das Seil hatte, sich wie eine Schlange windend, Haselbüsche und Gras zerschlagen. Susi war ein paar Sekunden vorher über die Brücke gegangen. Der Schutzengel von Froda schien Schichtbetrieb rings um die Uhr zu machen. Bruno erzählte mir dies mit noch vom Schreck belegter Stimme, und er, der mich wegen meiner vielen Vorsichtsmaßnahmen-Predigten immer verhöhnt hatte, gab nun freiwillig zu, daß ich recht gehabt hatte.

«Und was macht ihr jetzt?»

Ein zweihundert Meter langes, zwölf Millimeter dickes Drahtseil kann man nicht im nächsten Hobbygeschäft erstehen. Das muß bestellt werden, hat Lieferfristen – und unsere Bauerei mußte mit Windeseile weitergehen. Zum Glück war das Wetter während Wochen immer schön gewesen.

Und zum Glück erfuhr Marino von unserm Pech. Marino hat von seinem Vater die Kunst des Spleißens erlernt. Spleißen nennt man jenen Vorgang, mit dem man ein gerissenes Seil so fest ineinanderdreht, daß es schließlich an der Bruchstelle viel stärker ist als vorher.

Wieviele Spezialisten haben wir doch in unserm Dorf. Da ist noch ein anderer zu nennen: Quinto. Ihm ein Kränzchen zu winden, ist es höchste Zeit. Quinto ist Odivios Schwager, er scheint gut fünfzig Jahre alt zu sein, ist aber wesentlich älter, hat schlohweißes, gelocktes Haar, blaue Augen und eine angenehm ruhige, gemächliche Art zu spre-

chen. Bei seiner Arbeit aber, beim Bau der Bruch-
steinmauern, da ist er wieselflink. Eine schöne
Bruchsteinmauer zu bauen ist, wie eine Strickar-
beit ganz sorgfältig ausführen. Bloß, daß die Mauer – als Denkmal für den, der sie gebaut hat – viel
länger hält als ein Pullover. Es gibt bei uns im
Dorf einige Mauern – vor allem einen Torbogen –
die vor Jahrhunderten entstanden sind und deren
kunstvolles Gefüge mich jedesmal entzückt. Dann
sage ich jenem Maurer dankeschön, dessen Gebei-
ne vielleicht im Beinhäuschen beim Friedhof
liegen.

Auch ein Steindach gibt es, das mit ungewöhnlich großen Platten gedeckt ist. Inzwischen weiß
ich das: jene Platten haben ein Einzelgewicht von
gegen einhundert Kilogramm!

Mit Quinto hatten wir nun endlich auch das
Tessiner Element in unserer Mannschaft. Ferid –
unser Wunderkind – schaffte es, nach einigen
Wochen so akzentlos «Buon giorno, buona sera,
ciao, come va» zu sagen, daß man ihn für einen
Tessiner halten konnte – besonders, als er die
einfachsten Sätze gleich auch noch im Tessiner
Dialekt lernte. Während mein Italienisch, zwar
fließend gesprochen, halt immer noch jenen Akzent hat, den ich bei andern Deutschschweizern
sofort heraushöre – mitsamt der Definition, ob

112

jene nun aus Basel oder Bern oder Zürich kommen.

«Schäm dich deswegen ja nicht», hat mich Emilia letzthin getröstet. «Die Hauptsache ist doch, daß man sich verständigen kann.» Mir scheint, da hat Emilia wieder einmal recht. Ach was, Emilia hat sowieso immer recht.

Emilia hatte auch mit ihrem Begehren Erfolg, ich müsse bei meiner Rückkehr ein bewohnbares Kämmerchen im Haus haben. Mitte Dezember war es, als ich heimkam. Ein bißchen Schnee lag auf den Feldern, der von einem bissigen Wind zu schleppenden Fahnen aufgewirbelt wurde. Ich ging über die Brücke, schaute zum Wegweiser, dorthin, wo Fritzli mich immer erwartet hatte. Ich ging an jenem Zaunpfahl vorbei, an dem die rindenlose Stelle von Fritzlis Gewohnheit, sich dort die Krallen zu wetzen, erzählte. Emilia kam mit einem leeren Heukorb von ihren Schafen. Sie stellte den Korb in den Schnee, nahm entschlossen ihren Stock und ging mit mir wieder bergauf zum Haus.

«Erst muß ich kontrollieren, ob du da oben nun wirklich hausen kannst.»

Luzi zwinkerte mir zu. «Bin gespannt, was sie sagt!»

In der Dachschräge des nun verordnungsgemäß

von Nord nach Süd verlaufenden Giebels des alten
Hausteils war mein Kämmerchen. Ein Schlafzimmer darf das nicht genannt werden. Dazu ist es zu
klein. Kleine Räume aber haben den Vorteil, daß
sie rasch geheizt werden können.

Um in den obern Stock zu gelangen, mußten wir
alle erst eine Malerleiter erklettern.

Mein Bett stand im Zimmer, meine Schreibkommode, das Bänkchen, das mich an Maria und
Guido, Odivios Eltern, erinnerte. An der Wand
war ein kleiner elektrischer Ofen befestigt, dessen
Ventilator warme Luft in den Raum blies. Emilia
blieb unter der Türe stehen, hielt die Hand ausgestreckt ins Zimmer, um die Temperatur da drin zu
fühlen.

«Ist in Ordnung», sagte sie, «da kannst du
bleiben, ohne dir eine Lungenentzündung zu holen. Sag deinem lieben fratellino – dem Brüder-
chen – gebührend dankeschön.»

«Zu Befehl», antwortete ich und gab Luzi einen
Kuß.

«Eh, aber, wo ist das gabinetto – das Klo? Das
brauchst du doch auch?»

«Unten», sagte Luzi. Wir kletterten wieder über
die Leiter. Emilia inspizierte auch jenes Örtchen.
Sogar Wasserspülung hatte es schon. Nun war
Emilia zufrieden. Ich glaube, so alt werde ich nie,

daß es mich nicht mehr freut, wenn Emilia sich um mich wie eine Schwester kümmert.

«Ich verbringe meine alten Tage dann im Altersheim», sagte sie letzthin zu mir, – «und dir wird's wohl nicht viel anders ergehen. Wir haben beide keine Kinder, die uns pflegen würden. Das ist der Nachteil, wenn man eine zitella – eine Jungfer – ist. Aber sonst haben wir halt doch viele Vorteile … Und dann können heutzutage ja auch Eltern nicht immer darauf zählen, daß sie von ihren Kindern nicht ins Altersheim geschickt werden. Ich mach's einfach so, daß ich mich auf jene Zeit freue. Weißt du, ich stelle mir vor, wie wir zwei dann einander von früher erzählen, von der Steinlawine, von damals, als der Marder übel in unsern Hühnerställen wütete, von damals, als wir eingeschneit waren. Als wir keine Brücke hatten, als wir alle krank waren und ihr unsere Ziegen pflegtet. Und ich werde mich auch daran erinnern, wie schwer die Heulasten waren …» Sie deutete auf ihren Heukorb. Um eine Verschnaufpause zu machen, stellt sie ihn an meine Gartenmauer, kommt herein, schaut, ob ich da bin. Und dann schwatzen wir. Wir schwatzen unser tägliches Schwätzchen. Mindestens die Hälfte meiner italienischen Sprachkenntnisse verdanke ich Emilia. Sie ist eine einfache Bauernfrau, nicht weit herumgekommen. Ich glaube, Bellinzona war ihr weitestes Reiseziel. In den bald zehn Jahren, die ich nun hier wohne, habe ich noch nicht einen einzigen Tag erlebt, an dem Emilia Ferien machte. Am Sonntagmorgen geht sie zur Messe. Ich glaube, jene knappe Stunde ist die einzige Zeit, wo sie nichts arbeitet.

Sie ist nie in Eile, macht schön eines nach dem andern. Im Sommer steigt sie jeden Tag auf die drei Viertelstunden höher gelegene Alp, um ihre Ziegen zu melken. Wohlverstanden: Emilia ist gegen fünfundsechzig. Um ihr graues Haar hat sie ein fazzoletto – ein Kopftuch – geschlungen, ihre rundliche Gestalt ist in eine Schürze verpackt. Sie trägt immer Bergschuhe – am liebsten Militärschuhe –, und in der Hand hat sie einen soliden Haselstock. Wenn ich von meinem Haus hinunterschaue und sie über die Brücke gehen sehe – sie schaut aus wie die kleine Frau im Wetterhäuschen, die das gute Wetter anzeigt – dann überströmt mich immer eine Welle guter Gefühle. Welch ein Glück, daß es auf dieser Welt Frauen wie Emilia gibt!

Emilia hält die Augen offen. Sie ist die erste, die bemerkt, wenn an einem der im Winter unbewohnten Häuser etwas defekt ist – wenn etwa ein Schornstein eingestürzt oder ein Zaun von den

Schneelasten zerdrückt worden ist. Selbstverständlich teilt sie den Schaden sofort dem Besitzer mit.

Sie ist um mich besorgt, wenn ich huste, kommt womöglich gleich mit der entsprechenden Medizin, sie ermahnt die Mädchen, Regenschutz oder Kopftücher anzuziehen, wenn es regnet oder windet, sie ruft mich an, wenn die Landwirtschaftliche Genossenschaft Futter für meine Tiere bringt und die Säcke an irgend einem Ort ablädt, wo die Ware Schaden leiden könnte.

Liebe Emilia: unser Leben wär' viel weniger bunt, wenn wir dich nicht hätten.

«Du bist für mich wie eine sorellina – ein Schwesterchen», sagt sie zu mir. Auf nichts, aber auf gar nichts auf der Welt bin ich so stolz wie auf die Tatsache, daß ich Emilias Sorellina sein darf!

* * *

Weihnachten verging, Neujahr, der Dreikönigstag. Die Zeit enteilte im Flug. Gottseidank, denn unsere Hin- und Herpendelei machte den Tagesablauf mühsam. Wie ersehnte ich den Augenblick, wo wir wenigstens im Neubau kochen und essen, das heißt also, einigermaßen heizen konnten. Es war bitter kalt geworden. Susi und ich, wir hätten

117

unser Mittagessen bei Sonnenschein ohne weiteres auch jetzt im Garten eingenommen. Die Männer waren dagegen. Wer schon im Durchzug arbeiten müsse, brauche für die Essenspause ein warmes Eckchen. Für Susi und mich ist aber eine mit Schaffell bedeckte Bank schon ein warmes Eckchen. Wir schauten einander an und lachten. Susi dachte an die gleiche Episode wie ich:

Es war im ersten Winter ihres Hierseins gewesen. Irgendwann im Januar. Die Sonne hatte geschienen, unser Eßtisch im Garten war umgeben von anderthalb Meter hohen Schneemauern. Wir hatten es uns mit Sonnenschutzcrème bequem gemacht.

«In Sankt Moritz ist es auch nicht schöner!»

Ich hatte eine Schüssel mit Kopfsalat auf den Tisch gestellt. Wir aßen erst eine Bohnen- und Gerstensuppe. Als wir den Salat auf die Teller schöpften, sah er aus wie gekocht.

«Was ist denn wohl da passiert?»

Susi schaute auf den Thermometer. Vier Grad minus war es. Der Salat war gefroren. Gefrorener Salat schmeckt gar nicht schlecht. Bloß ausschauen tut er nicht mehr erfreulich. Wenn man genügend Hunger hat, stört einen das aber nicht sehr.

Am Tag, an dem wir uns den ersten Ofen aufstellten, machten wir ein Fest. Ein runder

Holzofen aus Gußeisen, behäbig, gemütlich anzusehen. Er schluckte Bauholz, auch solches, das nicht unbedingt ausgetrocknet war, verwandelte es in Wärme. In wohlig-warme Wärme, die wir alle genossen wie die Katzen: wie den allergrößten Luxus. In dem Raum, der das Webatelier werden sollte, stellten wir einen alten Tisch auf, den wir mit einem rotweiß karierten Wachstuch versahen. Auf Kübel legten wir Bretter, oben und unten ersetzten je zwei Säcke Zement den Stuhl: fertig war das Grotto. Quinto brachte uns Wein, jenen, den man nirgends kaufen kann. Von seinem eigenen Weinberg. Echten Nostrano. Wie soll ich ihn beschreiben? Tief dunkelrot, herb, Wein, der nach Sonne und nach Erde riecht und auch so schmeckt. Ein Wein, geschaffen, um zu bodenständigen, einfachen Speisen, zwei drei Salamischeibchen oder einem Stück Käse getrunken zu werden.

Eines Tages war es so weit, daß auch die Plattenleger ihre Arbeit aufnahmen. Ein Tessiner war es, den die beiden andern, zwei Italiener, stets mit «Signore» anredeten. Seit zwanzig Jahren arbeiteten sie schon alle miteinander, erzählten sie mir. Die Italiener wohnen in Varese. Das liegt neunzig Kilometer von der Schweizer Grenze entfernt. Und all diese Zeit arbeiteten sie als Grenzgänger hier, fahren täglich die lange Strecke ins Tessin – morgens in aller Herrgottsfrühe, abends heim nach neunstündiger Arbeit. In Schnee und Regen und Sommerhitze. Sommerverkehr. Und während der Zeit, da sie nun bei mir zu tun hatten, kam noch der lange Weg durchs Tal dazu.

Trotzdem aber schallte und hallte ihr Gesang nun durchs Haus. Von morgens bis abends waren sie vergnügt, rissen Witze, daß die Balken krachten, zogen ihren Tessiner Kollegen durch den Kakao, der das gutmütig über sich ergehen ließ. Mir tat es von Herzen leid, als sie sich verabschiedeten, weil nun auch die letzte Boden- und Wandplatte verlegt war. Auch sie hatten sich, wie alle andern am Bau Beschäftigten, ihr Denkmal errichtet. Sorgsam war jeder Treppentritt mit Sockelplatten umrandet – und ich denke nun jedesmal an das vergnügte Trio, wenn ich im Haus treppauf oder treppab gehe.

* * *

Heute haben wir einen Abschied gefeiert. Während zwei Wochen bekamen wir beinahe jeden Tag großen Besuch: die Leser einer Zeitschrift, in der eines meiner Bücher als Fortsetzungsgeschichte abgedruckt gewesen war, hatten den Wunsch geäußert, sich das Tal, das ich «Acquaverdetal» nenne und das Dorf, dem ich den Namen «Froda» gegeben habe, anzusehen. Eine Anzeige durch die Redaktion ergab ein unglaubliches Echo. Gegen fünfhundert Personen interessierten sich für eine derartige Reise ins Tessin.

Da standen wir wieder einmal vor einer ganz neuen Situation und zerbrachen uns die Köpfe, wie sie zu bewältigen sei. Ich wollte die Möglichkeit, mit jedem Besucher ein paar Worte zu wechseln. Denn wer sich schon die Mühe nimmt, so weit zu reisen, soll auch etwas Persönliches von mir mit heim nehmen können. Sei es auch bloß ein Händedruck. Aber fünfhundert Hände schütteln?

Eines war klar: mehr als einen Bus aufs Mal konnten und wollten wir nicht verkraften. Vierzig Personen sind schon viel – aber es zeigte sich, daß es nicht *zu* viel waren. Was taten wir aber, wenn es regnete? Was für Leute würden da kommen? Und – oh Schreck – an das hatten wir gar nicht mehr gedacht – diese Leute wollten doch sicher unser Lädeli sehen. Jenes, das halt immer noch im Schlamm steckte. Innen ist es zwar geputzt, die Fensterscheiben sind ersetzt worden. Aber es riecht entsetzlich muffig. Die Zeit, Sonnenblumen zu pflanzen, ist auch noch nicht gekommen. Was tun?

Da war vorerst die Möglichkeit einer kleinen

Lesung. Bei schönem Wetter hätte ich diese eigentlich in unserm Hof machen können. Ich versuchte es auch. Wir bastelten Sitzplätze, indem wir aus Bauholz Bänke zusammenfügten. Es zeigte sich aber dann, daß die Akustik nicht gut ist. Eine Lesung sollte eine Lesung sein. Nicht eine Brüllung! Am nächsten Tag fiel leichter Regen – und nun fand ich auch mein Lesungssystem: Busse haben Mikrophone. Wie wär es denn, wenn ich mich neben den Fahrer setzen würde und im geparkten Bus läse?

Ich weiß, ich weiß: ein Schriftsteller würde dies nie tun. Ich weiß auch, daß etliche über dieses Vorgehen die Nase rümpfen werden. Aber ich bin ja kein Schriftsteller. Ich schildere bloß, was ich mit meinen Augen sehe, – und ich weiß, daß ich damit vielen eine Freude bereiten kann, auch solchen, denen nicht mehr vieles Freude macht.

Ich las zum Beispiel also jenes Kapitel von Pauls und Regulas Hochzeit und jenes von unserer Schallplattenarbeit. Dann sangen Susi und Gabi einige ihrer Lieder. Damit hatten wir auch jenen Besuchern, die nicht mehr gut zu Fuß sind, etwas geben können. Denn viele Leute waren dabei, die waren zu alt, zu gebrechlich, um noch zu unserm Haus heraufzukommen.

Für diejenigen, die es aber doch wagten, hatte ich

es mir so ausgedacht, daß wir zuerst die untere Hängebrücke überquerten. Sie ist sicher und schwankt bloß ein bißchen. Der Weg entlang dem grünen Fluß ist nicht zu weit. Die Milchschafe weideten da und die Esel. Ich konnte zeigen, wo die Frauen des Dorfes früher ihren Waschplatz gehabt hatten: bei einer durch ein Mäuerchen gefaßten Quelle, bei der Brunnenkresse wächst.

Wer Lust hatte, konnte mit mir zum Haus hochkommen und sich im winzigen Lädeli, bloß ein paar Quadratmeter groß, umsehen. Und schließlich gingen wir alle essen. In zwei Restaurants war für je die Hälfte unserer Besucher das Polenta- und Kaninchenmahl bereit (diesmal nicht von Silvano zubereitet). Susi und Gabi begleiteten eine Gruppe, ich die andere. Zwei Wirte, die beide bei mir schon über die Tatsache gejammert hatten, daß unzählige Reisebusse zum hintersten Dorf des Tales fahren und die Passagiere sich dann dort verpflegen, waren dankbar für die Leute, denen auch Froda ein Besuch wert schien. Dem abfahrenden Bus winkten wir lange nach. Wie schön ist es doch zu wissen, daß man so viele Freunde hat — und daß man ihnen Freude geben konnte: an einer schönen Landschaft, an Musik und Gesang, an einem guten Essen — schließlich die Erinnerung an einen schönen Tag.

Wenn ich mit unseren Besuchern ins Gespräch kam, erfuhr ich es oft und oft – und ich schämte mich, vorher nicht gewußt zu haben, welche Art Leute in Bussen zu reisen pflegt: ältere und alte alleinstehende Männer und Frauen zum Beispiel, oder ältere Ehepaare, die sich zu unsicher fühlen, um eine Reise mit etlichen Umsteigepunkten mit den offiziellen Verkehrsmitteln zu unternehmen. Oft hatten sie die Reise von ihren Kindern geschenkt bekommen. Dann waren da die Gehbehinderten, einmal auch eine Blinde, dazwischen auch immer wieder junge Leute, die aus Prinzip kein Auto besitzen. In einem Bus haben im Schnitt so viele Leute Platz wie in zehn Personenautos, rechneten sie mir vor. Sie argumentierten also, ein Bus verstopfe eine Straße wesentlich weniger als die entsprechende Anzahl Personenautos.

Alternierend wurden die Reisen von denselben Fahrern begleitet. Sie kannten unser Programm, konnten ihre Passagiere schon darauf vorbereiten. Nach einigen Tagen entstand ein angenehmes Teamwork, so angenehm, daß wir «unsere» Busse nun eigentlich vermissen.

***

Fünfzehnter Mai neunzehnhundertzweiundachtzig: Wir feiern eine Art Geburtstag: Heute vor einem Jahr war es, daß das Dach zu rinnen begann, daß wir kein rechtes Dach überm Kopf mehr hatten. Nun wird das neue Dach gedeckt. Mit Steinplatten. So wie es seit Jahrhunderten in dieser Gegend Brauch ist. Die Seilbahn und eine entsprechende Transportmannschaft arbeiten mit Hochdruck. Gegen einhundert Tonnen Platten braucht es, bis das Haus unter Dach und Fach ist.

Im Steinbruch von Briana sind sie gehauen worden. Unser aller Freund Gualtiero, der während der Wintermonate zusammen mit Susi die Schafe im Gemeinschaftsstall betreut hatte, und der während der übrigen Jahreszeiten in jenem Steinbruch arbeitet, hat uns versichert, er werde sich Mühe geben, die Platten so dünn wie möglich zu spalten. Ihr Preis geht nach dem Gewicht. So könne er doch einiges dazutun, um die Kosten so niedrig wie möglich zu halten.

Wie wird ein Steindach gemacht? Ich will das genau wissen und frage Lindo deshalb, ob ich mich zu seiner Mannschaft setzen kann, bewaffnet mit Bleistift und dem Schreibblock, um die Arbeitsvorgänge genau zu notieren. Die beiden Nord-Süd-Giebelteile sind bereits gedeckt. Am

Mittelteil mit dem Ost-West-Giebel haben sie vor einer Viertelstunde zu arbeiten begonnen. Ich gehe über einen aus zwei Brettern bestehenden Steg, erklettere zwei Podeste, stehe schließlich auf dem Giebel – und wünsche jedem, daß er diese Aussicht mit mir teilen könnte, wünsche ihm, zu sehen, was ich sehe: die grünen ebenen Flächen der Wiesen, die grünen gewellten Flächen der Baumwipfel, das glitzernde Band des grünen Flusses.

Aber ich bin ja nicht hier, um die Aussicht zu bewundern und zu beschreiben. Aus ein paar Steinplatten haben sie mir eine Art Schreibstuhl bereitgemacht. So weit vom Arbeitsplatz entfernt, daß mir die Steinsplitter nicht ins Gesicht fliegen können – und so nah, daß ich alles genau sehen kann.

Da ist die kupferne Regentraufe als unterster Saum des Daches, das mit Dachpappe abgedeckt ist. An den beiden äußeren Rändern des Daches sind bereits die ersten Platten auf Zementmörtel gelegt worden. Die Platten sind einen Meter und fünfzehn Zentimeter lang, fünfundfünfzig Zentimeter breit und achtzig Kilogramm schwer. Mittels einer an einen Ziegelstein gebundenen Schnur wird eine ganz genaue Richtlinie festgelegt. Die hintere Kante der Platte muß exakt der Dachschräge angepaßt werden. Die Platte wird genauso liegenbleiben, wie die Männer sie nun betten. Wie lange wohl? Wie oft habe ich doch schon an alten Bauwerken über die Menschen nachgedacht, die sie schufen. Nun schaffen wieder Menschen etwas, von dem ich glaube, daß es Generationen überdauern wird, und ich denke über jene nach, die sich vielleicht daran freuen werden, wenn ich längst tot bin.

Woher kommt es, daß ausgerechnet diese Dächer mich zum Nachdenken anregen? Da ist einmal das Material. Stein. Aber was für Stein. Granit. «Hart wie Granit». Und doch läßt er sich so willig bearbeiten. Spalten, auf ein genaues Maß behauen – man muß nur wissen wie.

Dann ist da die Arbeit. Diese Dächer zu legen, ist Fleiß- und Präzisionsarbeit. Lindo und seine beiden Helfer Americo und Diego sind damit seit Wochen beschäftigt – und werden es noch eine Weile sein.

Inzwischen ist die erste Plattenreihe beinahe beendet. Nun zieht Diego mit dem elektrischen Flaschenzug Platten hoch, die vorne halbrund zugehauen worden sind. Von der Mitte der Rundung bis zur hinteren Kante gemessen sind sie siebzig Zentimeter lang und fünfundfünfzig Zentimeter breit.

«Das ist eine Terza – eine Dritte», erklärt mir Americo.

«Komisch, eine Dritte, wo sie doch die zweite Plattenreihe bildet.»

«Schau: zwei der großen Platten nebeneinander und die Dritte in der Mitte so obendrauf, daß sie die Fuge deckt, damit das Dach kein Wasser durchläßt. Ist doch klar?»

Auch die Terzen werden wieder der Dachschräge angepaßt und – wie die Platten der ersten Reihe – mit etwa zehn Zentimeter langen Keilen aus Lärchen- oder Kastanienholz unterlegt. So verrutschen sie garantiert nicht.

Die Männer hämmern, der Flaschenzug summt, der Fluß rauscht, meine Gedanken gehen wieder auf Reisen. Ich denke an das erste Steindach, mit dem ich nähere Bekanntschaft gemacht habe. Jenes auf dem Monte Valdo. Jenes, das nicht mehr ganz dicht gewesen war. Unter dem ich mein Schlafzimmer gehabt hatte. Dort hatte ich durch die Platten hindurch das Licht gesehen – und auch zum ersten Mal das kluge System der Terza bewundert. Jenes – genau jenes Dach wird auf dem Umschlag des Buches abgebildet sein, an dem ich – auf meinem Dach sitzend – momentan schreibe ...

Nun werden Dachlatten hochgeschoben. Vierkantige Latten aus Lärchenholz. Hinter der Terza wird eine davon befestigt, auf die dann die dritte Plattenreihe aufgelegt wird. Jede dritte Reihe liegt auf einer Latte. Die Platten, die nun bis zum Giebel verlegt werden, sind kleiner. Siebzig mal vierzig groß. Auf der Gegenseite zähle ich die Reihen. Dreißig Reihen werden es auch hier sein. Niemals werden zwei Fugen übereinanderliegen. Niemals wird die Äderung eines Steins quer zum Dach verlaufen. Das Wasser rinnt leichter ab.

Die letzte, die Giebelreihe, wird aus den größten Platten bestehen. Sie liegen bereit, sind siebzig Zentimeter breit und mehr als meterlang. Sind auch sie verlegt, wird das Gerüst abgebaut werden, und ich werde jedesmal, wenn ich unterm Dach sitze, dem schönen steinernen, an die denken, die es gemacht haben – und ihnen dankeschön sagen.

***

Die Baumannschaft lebt mit mir hier im Haus, auch Susi hat ihre Habe wieder hergebracht. Innen wird gewohnt. Mit vielen Umständen immer noch. Im Wohnzimmer steht Brunos Kreissäge, stiebt das Sägemehl. Wir wischen es zusammen, entfachen ein Feuer im Kamin. Auf der Glut der

Holzabfälle braten wir zum Nachtessen Würste oder ein Stück Fleisch. Das Feuer wärmt gleichzeitig das Wasser des Heißwasserspeichers. Die erste Dusche mit dem auf diese Art zubereiteten heißen Wasser war eines der vielen kleinen Feste, die wir feierten.

In einem unfertigen Haus zu wohnen, ist wohl mühsam. Dafür freut man sich am kleinsten Fortschritt, der das Leben wiederum ein bißchen komfortabler macht.

Komfortabler ist auch unsere Heizung: Im Holzkochherd sind Spiralen angebracht, in denen sich Wasser erwärmt. Dann fließt es in einen Speicher und wird von dort aus durch die Fußböden gepumpt. Endlich, endlich haben wir einen warmen Fußboden, besteht die Gefahr nicht mehr, daran festzufrieren. Und gleichzeitig hat dieses System den Vorteil, daß nirgends irgendwelche Heizkörper den kostbaren Raum versperren. Das Denkmal, das sich Hansjörg mit dieser Heizung bei uns geschaffen hat, ist kein sichtbares – aber ein fühlbares. Ich fürchte, ihm werden nächsten Winter die Ohren jedesmal läuten, wenn wir unser warmes Haus genießen. Heuer ist es das erste Mal in meinem Leben, daß ich mich schon im Frühjahr auf den nächsten Winter freue!

In den letzten Sätzen ist das Wort Komfort

gefallen. Ich habe es längst gelernt, daß es eine weitverbreitete Ansicht ist, «einfaches Leben» müsse auch Leben ohne Annehmlichkeiten wie die soeben geschilderten, also warmes Wasser und ein geheizter Raum sein. Interessanterweise sind es aber just die so denkenden Leute, die selbst auf jene Dinge nie verzichten würden.

Mir scheint eher, daß «einfaches Leben» ein solches ohne Luxus ist – also ohne jenen Schnickschnack, der gleichzeitig Statussymbol bedeutet. Dinge, die die tägliche Arbeit erleichtern und uns damit mehr Zeit für Kreatives gewinnen lassen, sind gewiß kein Luxus. Ein Beispiel: wenn ich eine Waschmaschine habe, die unsere Schmutzwäsche wäscht, kann ich unterdessen die Wolle unserer Milchschafe waschen (das tun wir von Hand, weil sie uns zu kostbar für Maschinenbehandlung ist). Gleichzeitig heizen wir mit Holz die Färbkessel an – und werden schließlich schöne, bunte, warme Pullover tragen.

Das ist dann unser Statussymbol!

* * *

Bereits haben wir auch einen Gast: Mein sechsundachtzigjähriger Onkel Arthur, der während fast sechzig Jahren in London gelebt hat, seit drei

Jahren in einem Altersheim in Lausanne wohnt, ist zu uns zu Besuch gekommen. Klar, daß er das schönste Zimmer erhielt. Wir umhegen und umsorgen ihn, legen ihm seine diversen Pillen zur richtigen Zeit auf seinen Teller.

Am Morgen ist er depressiv. Er steht eigentlich recht früh auf, kommt zu mir, um mir zu erzählen, daß es ihm ganz, ganz schlecht geht. Nach dem Frühstück heben sich seine Lebensgeister. Er setzt sich in eine Ecke und schaut Quinto, Bruno oder Susi zu.

Um zehn Uhr bekommt er sein Glas Guinness-Bier. Das erinnert ihn an London – und nährt ihn zugleich. Ich habe nämlich herausgefunden, daß er in seinem Altersheim nicht frühstückt – und mir deshalb vorgenommen, ihn ein bißchen aufzupäppeln. Man muß aber alles so tun, daß ihm diese Absicht nicht auffällt. Sonst streikt er.

Nach einer Woche bemerkte ich, daß er sich unbehaglich zu fühlen begann in unserem Gewimmel. Kunststück: Alle arbeiteten, waren beschäftigt, vergnügt, und er tat nichts anderes, als auf seinem Stuhl sitzen und zusehen.

«Du könntest mir einen riesengroßen Gefallen tun», sagte ich deshalb zu ihm.

«Aber gerne, Darling», antwortete er.

132

«Schau, wir sind alle so beschäftigt, daß ich es immer wieder vergesse, das Feuer im Kamin zu unterhalten. Dann haben wir aber kein warmes Wasser, um uns nach der Arbeit zu duschen. Würde es dir nichts ausmachen, dich hierher zu setzen und gelegentlich ein Stück Holz nachzulegen?»

Ich kenne diese geheime Männerleidenschaft, ein Feuer zu unterhalten. Bei Onkel Arthur ist sie natürlich auch vorhanden. Beim schönsten Sonnenschein sitzt er nun im Wohnzimmer, schaut zu seinem fire. Wenn ich ihn zum Essen rufe, antwortet er:

«Sorry, no time, I have to look after the fire.»

So bringen wir ihm denn einen Teller zu seinem Platz am Kamin. Wir tun aber nur ganz, ganz winzige Portionen drauf. So kleine, daß er sich vernachlässigt fühlt und sich dann doch zu uns an den Tisch setzt. Dort bekommt er nochmals ganz wenig, schaut auf unsere gehäuften Teller, reklamiert, bekommt mehr – und ißt schließlich alles schön säuberlich auf.

Wenn ich ihn in Lausanne besuche – und das tue ich jedesmal, wenn ich in der Deutschen Schweiz bin – gehen wir stets in ein feines Restaurant. Von den dort servierten Portionen ißt Onkel Arthur nur einen Bruchteil und läßt den

Rest wegtragen. Hier nun, wo ich ihm bewußt wenig auf den Teller lege, so wenig, daß er das Gefühl haben muß, es reue mich, da entwickelt er Appetit – vermutlich, um mir zu zeigen, welche Rabennichte ich sei. Aber ich bin ganz gerne eine Rabennichte, wenn ich damit bewirke, daß er mehr ißt! Auf alle Fälle hat er in den zwei Wochen seines Aufenthaltes ganz nett zugenommen.

Ich möchte ihn gerne ganz hierbehalten, denn in seinem Heim ist er einsam. Aber er ist nun schon von London nach Lausanne verpflanzt worden in einem Alter, wo ihm das Wieder-Eingewöhnen schwer fiel. Noch einmal umzuziehen, das wagt er nicht mehr.

«Nun bin ich halt in Lausanne daheim. Aber ich komme dich so oft wie möglich besuchen, um dir und Susi ein bißchen Arbeit abzunehmen.»

Er hat auch Susi tief ins Herz geschlossen. Oft setzt er sich ihr gegenüber und schaut zu, wie sie emsig mein Manuskript abtippt.

«Was für schöne Haare sie doch hat!» Das flüstert er mir immer wieder zu. Onkel Arthur, während Jahrzehnten Friseur königlicher Hoheiten, mag Leute mit gesunden, vollen Haaren viel lieber.

Déformation professionelle?

Im Augenblick zermartere ich mein Hirn, um für Onkel Arthur noch weitere Arbeiten herauszufinden. Solange er sich nützlich fühlt, wird er hoffentlich hierbleiben.

*＊＊

Susi und ich, wir hätten uns unseren Busgästen und auch Onkel Arthur nicht so uneingeschränkt widmen können, wären nicht unsere Hilfen dagewesen: Bubu, ein neues Fränzi und Erika. Sie alle sind da, um zu lernen, Tierpflege zum Beispiel, und Gartenbau, und alle Arten der Wollverarbeitung, die wir hier vornehmen können. Vielleicht kann man auch sagen, zu lernen zu leben. Als selbständiger Mensch, der Verantwortung tragen sollte. Aber auch als Frau, die einmal Hausfrau werden will. Da tut es denn ganz gut, in einen Haushalt wie den unsrigen zu kommen, wo für viele Leute gekocht werden muß – und nicht nur das. Wo auch preiswert und gesund gekocht werden muß. Unsere Baumannschaft hat eine Stunde Mittagspause. Das heißt also, daß das Essen ganz pünktlich um zwölf Uhr auf dem Tisch stehen muß. Und zwar auf warmen Tellern. Und zwar so gekocht, daß es Tessinern, Deutschschweizern, Rätoromamanen, Jugoslawen und Deutschen gleich gut schmeckt!

Im Laufe dieses Jahres haben sich Rezepte herauskristallisiert, die allen diesen Anforderungen genügen. Meist sind es solche, die relativ lange Kochzeiten brauchen, zum Teil auch relativ viel Vorbereitungsarbeit. Dann aber folgt eine Pause, die dazu benützt werden kann, um die Küche wieder aufzuräumen. Angenehm – besonders wenn, wie während der Zeit in unserm «Palazzo», bloß zwei Kochplatten in einer winzig kleinen Küche ohne Abstellfläche zur Verfügung stehen. Verstaue einer mal dort die benützten Teller, Gläser, Tassen, wenn die Kochgeräte vorher nicht aufgeräumt worden sind!

Die Rezepte, die hier im Anhang folgen, sind zum Teil solche, die ich von da und dort erhalten habe. Ein paar sind Eigenkreationen, einige verdanke ich Leserinnen. Vielleicht helfen sie dem einen Koch, der andern Köchin aus der Verlegenheit, wenn plötzlich für viele Esser gekocht werden soll.

Aber nicht nur das Kochen will organisiert sein. Wir sind zu weit weg von der nächsten Einkaufsmöglichkeit. Alles Notwendige muß also im Haus vorrätig sein.

Ich habe es mir zum Prinzip gemacht, ständig so

viele Lebensmittel zu lagern, daß wir gut und gern vierzehn Tage ohne Einkäufe überstehen könnten. Im Winter – wenn die Gartenernte haltbar gemacht worden ist – auch viel länger.

Nur etwas haben wir nie vorrätig: Quintos Wein. Den bringt er täglich frisch mit – und verkaufen will er keinen.

* * *

Lustig, wie das Leben so spielt: Da war vor einigen Jahren eine deutsche Familie irgendwo im Tessin im Urlaub. In einer Ferienwohnung.

In jener Wohnung waren auch ein paar Bücher zur Erbauung der Mieter – falls es regnen sollte. Und das tut es manchmal im Tessin. Manchmal sogar sehr ausgiebig.

Die Mutter las eines dieser Bücher. Mein erstes.

«Lies das mal», sagte sie zu ihrem Mann.

Der schaute den Titel an: «Kleine Welt im Tessin», rümpfte die Nase:

«Ach, das wird so irgend ein Heimatromanzeug sein. Hast du nichts Besseres?»

«Nein», sagte seine Frau.

Der Mann las. Dann lasen die Kinder. Dann beschloß die ganze Familie, mich zu suchen. Sie fanden mich, sie besuchten mich aber nicht. Das taten sie erst zwei Jahre später, weil in jenem Mann der Entschluß gereift war, einen Film über unser Leben zu drehen.

Der Mann ist Fernsehmann.

So entstand schließlich ein Film – und eine Freundschaft. Der Mann schaut aus wie der Jogibär und wird von seinen Töchtern auch so gerufen. Und eine der Töchter schaut aus wie der kleine Bubu – und wird auch so gerufen. Der kleine Bubu ist größer geworden, ist aber immer noch der Bubu, hat hübsches krauses Haar, ein Stupsnäschen wie der Bubu vom Trickfilm, eine intellektuelle Brille – und läuft in den komischsten Blue jeans herum. Bloß Susi hat ein Paar, das noch geflickter und zusammengestoppelter ist – und das sie ihre «heiligen Hosen» nennt.

Bubu hat letztes Jahr ihr Abitur gemacht. Sie ist sich über ihre Berufswahl noch nicht klar und wollte deshalb zu uns kommen. Hier kann sie ihre Nase in etliche Berufe hineinstecken.

Ich habe mir gar nicht viel gedacht, als ich sie aufforderte, zu uns zu kommen, bei uns zu arbeiten. Aber dadurch lernte ich wieder Neues:

Ausländer, die in der Schweiz arbeiten, brauchen eine Bewilligung. Wir füllten also Formulare aus. Vier verschiedene, wenn ich mich nicht irre.

Die Fragen nach Name, Wohnort, Name des Vaters, Geburtsdatum, vereinbartem Lohn waren überall dieselben. Man mußte Prüfungsgebühren bezahlen bei der Fremdenpolizei, beim Arbeitsamt. Schließlich traf die Bewilligung ein. Wir sind eine «tenuta agricola», ein Landwirtschaftsbetrieb – und Bubu darf als Landwirtschaftlicher Saisonnier während neun Monaten bei uns bleiben. Dann muß sie wieder heim. Wenn ich die behördliche Administration betrachte, sei es nun diejenige bezüglich einer Bau- oder diejenige bezüglich einer Arbeitsbewilligung, dann komme ich ins Straucheln. Wäre ich dazu verurteilt, als staatlicher Beamter in einem Bewilligungsbüro zu arbeiten, so würde ich wohl beim Versuch, die menschlichen Hintergründe der Gesuche herauszufinden, nach kurzer Zeit einen Nervenzusammenbruch erleiden. Besser also, ich bleibe da, wo ich bin – und versuche, mich so menschlich zu benehmen wie ich es nur kann und wie es mir mein Herz vorschreibt.

Bubu arbeitet also in der Landwirtschaft. Sie hilft auch Susi bei ihrer Fischzucht.

Fische züchten ist ein Abenteuer. Wie viele Sorgen haben wir deswegen schon gehabt – und wieviel Spaß! Die Sorgen waren im ersten Jahr jene, als die frisch gelieferten Regenbogenforellen alle die Forellenseuche bekamen. Susi stellte darauf um auf Bachforellen, die robuster sind – und zudem besser schmecken. Sie haben leicht rosarot getöntes Fleisch und sind weit mehr begehrt als die weißfleischigen Regenbogenforellen, die meist aus dänischen Fischzuchten stammen. Allerdings sind Bachforellen ein bißchen teurer. Sie wachsen nämlich langsamer. Susis Tessiner Kundschaft ist aber um etliches größer geworden, seit es sich herumgesprochen hat, daß sie Bachforellen liefern kann. Letztes Jahr – sie hatte kurz vorher eine neue Lieferung dieser Fische erhalten – öffnete irgend jemand den Eisenschieber eines Bassins – und dreihundert Kilogramm junge Forellen wurden in den Fluß geschwemmt. Gut, daß Susi hartnäckig, auf ihre Art sogar stur ist. Manch eine könnte nach solchen Rückschlägen, die einen Großteil des Verdienstes verschlingen, den Verleider bekommen.

Der Spaß ist der Kontakt mit ihren Kunden. Das gäbe ein Buch, das Susi schreiben müßte.

***

Letzthin lernte ich Strübli kennen.

Wie – Sie kennen Strübli nicht? Kein Grund, beschämt zu sein. Strübli kennen bloß die älteren Hausfrauen aus dem Schwarzwald – und aus dem Bernbiet. Strübli sind, so lassen sie sich am einfachsten definieren, eine Art Apfelküchlein – aber ohne Äpfel. Sie werden anstelle von Kartoffeln als Beilage zu Gemüsen mit weißer Sauce serviert – oder aber, mit Zucker und Zimt bestreut, zu Früchtekompott. Ihre Besonderheit besteht in ihrer Form:

Man macht einen Teig aus 300 g Mehl, 3 Eiern, 2½ Dezilitern Milch, einer Prise Salz und 60 g geschmolzener Butter. Rühren, bis es Blasen gibt (im Teig, nicht an den Händen!), dann eine halbe Stunde ruhen lassen.

5 Deziliter Fritureöl erhitzen, den Teig durch einen Trichter ins Öl gießen, indem man erst einen Kreis von zirka zwölf Zentimetern Durchmesser macht und diesen immer ringsum fahrend mit Teig ausfüllt. Zuletzt soll das Ganze ähnlich wie eine Hefeschnecke ausschauen. Die Menge reicht für sieben Strübli, die man auf Küchenpapier abtropfen läßt und warm ißt.

Tönt doch ganz einfach, nicht?

Es ist auch einfach, vorausgesetzt, man muß es nicht vor einer Fernsehkamera machen.

Das Dritte Deutsche Fernsehprogramm, der Südwestfunk Baden-Baden, dreht eine fünfteilige Serie «Was die Großmutter noch wußte». Ich bin Mitarbeiterin für das Programm – und Co-Moderatorin. Der Jogibär kam auf die Idee, das Strübli-Rezept in unserer Sendung zu verwenden.

Kürzlich nun war der Aufnahmetag der Sendung.

Niemand, der es nicht selbst gesehen hat, hat eine Ahnung davon, welch ungeheuren Aufwand an Zeit und Personal es braucht, um auch nur eine derartige, doch relativ einfach gestaltete Sendung zu machen.

Für einen dreiviertelstundenlangen Streifen sind gegen dreißig Personen einen Tag lang beschäftigt:

Beleuchter, Requisiteure, Dekorateure, Assistenten, Bildmischer, Kameramänner, Tonmeister, Maskenbildner. Von den vielen Vorarbeiten ganz zu schweigen.

Fernsehleute haben ihre eigene Sprache:

«Hepp!» heißt, wie im Zirkus bei den Trapezkünstlern:

«Los geht's!»

Eine Aufnahme, die verwendbar ist, ist «gestorben». Man hat sie «im Kasten». Wir machten

«Kaiserschnitte», ich lernte, was ein «Schwenk» ist, was eine «Totale», was ein «Insert», ein «Schnürsenkel» ...

Da der Strübliteig vor der Verarbeitung ruhen muß, bemühte ich mich, ihn rechtzeitig bereitzuhalten. Bis wir dann schließlich so weit waren, daß die Backerei demonstriert werden sollte, waren aber drei Stunden vergangen.

Das Fett war heiß. Der Trichter wurde gefüllt.

Dann begann, je nachdem, wie man es anschaut, die Qual – oder das Gaudi. Der ins Fett einlaufende Teig wollte und wollte sich nicht zu einer Schnecke formen. Für sieben Strübli hatten wir Material. Das erste wurde ein klägliches Häufchen von tropfenförmigen Teigklümpchen: der Teig war zu dick.

Wir fügten etwas Wasser bei. Das zweite sank auf den Boden, verschmolz zu einem Klumpen von kaugummiartiger Konsistenz. Wir fügten etwas Mehl bei.

Das dritte wiederum erinnerte mich an eine Handvoll Popcorn.

Dann stank es im Studio infernalisch nach angebranntem Teig. Ein bißchen war auf die Herdplatte getropft.

Mehr Mehl: zu dick. Mehr Wasser: zu dünn.

Die Maskenbildnerin blieb in unserer Nähe, um

unsere schweißtriefenden Gesichter nach jedem Strübli zu pudern.

Schließlich war noch Teig für ein letztes Strübli übrig. Es wurde das, was der Jogibär kühn ein «surrealistisches Strübli» nannte. Es sah aus wie ein Knäuel locker gewickelter, dicker Schnur, schön knusprig hellbraun gebacken, schön in Großaufnahme – einem «Insert» – mitsamt der Schaumkelle präsentiert.

«Strübli gestorben» verkündete der Lautsprecher.

Wir seufzten alle sehr hörbar auf und machten uns eiligst daran, das Strübli zu versuchen. Der Jogibär behauptete stolz, daß es auf diese Art, diese Nicht-ganz-Großmutter-Art – sogar noch besser schmecke ...

Die Strübli-Geschichte soll einfach eine weitere Seite unseres (Susi und Gabi werden an der nächsten Sendung ebenfalls teilnehmen) Lebens schildern.

Wäre ich nie ins Tessin gezogen, hätte ich wohl nie zu schreiben begonnen.

Hätte ich keine Bücher geschrieben, wäre ich nicht in Kontakt mit einer unübersehbaren Anzahl von Freunden gekommen. Ich hätte auch die Familie Jogibär nicht kennengelernt und wäre damit auch nie mit Fernseharbeit konfrontiert worden.

Andere müssen von einer Agentur zur andern pilgern, sich anstrengen, sich abweisen lassen. Wir, die wir am Ende der Welt wohnen, werden geholt.

Eine Kette von Ursachen und Wirkungen nach rückwärts zu verfolgen, kann mich sehr nachdenklich stimmen – und macht mich dankbar gegenüber einer Macht, die uns diesen Weg vorgezeichnet hat. Eigentlich nicht nur den Weg, sondern die mir eigene Art, die Art von Susi, die ganz anders ist, auf Gegebenheiten zu reagieren.

Wäre ich stur gewesen, hätte ich mein geplantes Feriendorf auf dem Monte Valdo trotz allen Hemmnissen aufzubauen versucht – und es vielleicht kläglicher aufgeben müssen, als ich es damals tat.

Wahrscheinlich wäre mein Leben dann auch nicht zu jenem Abenteuer geworden, das immer wieder zu beschreiben sich gelohnt – und viele unterhalten hätte.

Wieviel würde mir fehlen, wäre ich nicht nach Froda gekommen, hätte ich nicht alle die Freunde gewonnen, die um mich sind. Bloß der Vollständigkeit halber sei auch erwähnt: ein paar saftige Enttäuschungen wären mir auch erspart geblieben. Aber die gibt's überall.

***

Ich habe bei meiner Schreibarbeit die Gewohnheit, das Geschriebene während längerer
Zeit nicht durchzulesen. So, wie man es bei einem Tagebuch tut, wo das, was einem im Moment des Schreibens beschäftigt, das einzig wich-
tige ist.

Nun lese ich hier irgendwo am Anfang des
Manuskripts den Satz, daß ich hoffe, das
Schlußkapitel mit der Hauseinweihung zu be-
enden.

Daß ich nicht lache!

Herbst wird es mindestens, bis alles fertig ist, so
wie wir es haben wollen.

Gegen Ende Juni wird das Steindach fixfertig
gelegt sein. Dann feiern wir ein rauschendes Auf-
richtefest. Lindo wünscht sich als Menü Capretto
– Zicklein und Polenta. Das Fleisch zweier Zicklein hat uns Olimpio hierfür bereits geliefert. Es
liegt im Tiefkühlfach bereit für jenen feierlichen
Moment.

Morgen oder übermorgen kommen Ferid und
Semo wieder. Sie werden beim Dachdecken helfen, beim Ausfugen von Quintos Bruchsteinmau-
ern, bei den Umgebungsarbeiten.

Die Baracke wird demontiert werden und –
sofern ich dazu die Baubewilligung erhalte – für
den Bau eines eigenen kleinen Schaf- und Esel-

stalls verwendet. Als Stallmodell dient uns der große Gemeinschafts-Schafstall.

Wir werden davon profitieren, die große Seilbahn noch zur Verfügung zu haben, und mehr gute Erde heraufbringen, um mehr Anbaufläche für Gemüse zu haben.

Wir werden Büsche und Bäume pflanzen. So viele, daß wir uns wie in einem Nest von Grün geborgen fühlen.

Im Haus fehlen noch die Schränke. Die Vorhänge werden wir selbst weben oder häkeln. Wir werden auch die vielen Katzenfotos, die an den Wänden des alten Wohnzimmers hingen, wieder aufhängen.

Wir werden einen Brennofen für unsere Töpferei bauen, einen Brotbackofen, einen Ofen, in dem wir Susis Forellen «kalt» räuchern können. Sie bleiben dann noch länger haltbar als bei unserm bisherigen System.

Zwar sitze ich jetzt nicht mehr auf Zementsäkken. Bergwärts gerichtet ist eine Art Schreibzimmer entstanden. Mit meiner Schreibkommode drin, einem alten Tisch, einem alten Stuhl, einem Büchergestell, einer Truhe.

Im Büchergestell stehen Sachbücher für die Großmutter-Sendungen, Kräuterbücher, Gartenbücher, Textilbücher.

Daneben steht ein Holzkistchen, prallvoll gefüllt mit Leserbriefen, die zu beantworten ich mich anschicken werde, sobald das Manuskript weggesandt worden ist.

Das Schwimmbad ist immer noch gefüllt mit unserm Kram. Die Baracke steht immer noch darüber. Darin lagern jetzt Zementsäcke für den Verputz, Holzstangen für die Pergola.

Im Hof sieht es schon ganz ordentlich aus – beinahe wie vor Beginn der Bauarbeiten. Bubu hat gestern eine große Aufräumaktion gestartet, alles weggeräumt, was unordentlich aussah – und dafür Kistchen hingestellt mit Petunien drin und Geranien und Fleißigen Lieschen.

Quinto hätte Grund zum Brummen, wenn er für seine Arbeiten die Blumengefäße ständig von einem Ort zum andern räumen muß. Momentan bessert er hier eine kleine Mauer aus, fügt dort noch ein steinernes Bänkchen an, umrahmt jede Tür- und Fensteröffnung mit weißem Putz – so wie das früher hier üblich war. Und was gleich zwei nützliche Zwecke erfüllt: nämlich einerseits das Ungeziefer fernhält – und andererseits den «bösen Blick».

***

In meinem Kopf drin sind unzählige Moment-aufnahmen aus dieser Zeit, in der das neue Dach über unserm Kopf entstanden ist: Meine Fieber-träume in der Baracke, das Plakat WANTED, Susi, Heidi und ich, wie wir im Regen Beton schaufeln, Reni, wie sie am Seilbähnchen herum-klettert, um es zu entleeren. Das Lädeli im Schlamm. Bruno in Kapitänspose am Seilbahnmo-tor. Luzi mit seinem Vermessungsgerät. Wisi, der ihm die Meßlatte hält. Das Baby Isabelle unterm Steintisch. Mein letzter Blick auf Fritzli, wie er bei Emilias Stalltür sitzt.

Und wenn ich diese Bilder an meinem innern Auge vorbeiziehen sehe, höre ich die Musik dazu, die Susi, Gabi und Hansjörg am Abend unseres großen Festes machten. Oder den Gesang der italienischen Plattenleger. Oder Bruno, der pfeift. Oder Quinto, der oft leise vor sich hinsingt.

Gerade vorhin habe ich wiederum ein Bild hin-zugefügt:

Quinto ersetzt ein paar Steine beim Eingangs-törchen, über das die Rosen ranken. Gabi – sie hat im Webatelier ihren Webstuhl aufgestellt und ist dabei, die Kette einzuziehen. Ihre Kinder sind im Kindergarten – sie sitzt nach dem Essen im Hof auf der Steinbank und übt ein neues Lied.

Das Licht spielt in den soeben entfalteten Nuß-
baumblättern. Ein leiser Wind bewegt sie. Die
Akkorde der Gitarre, schmeichelnd, zärtlich. Gabis Stimme, hell – ein bißchen wie das Jubilieren
einer Lerche. Quinto scharrt mit der Maurerkelle
in der Pflasterwanne, schaut Gabi an, dann mich,
lächelt:

«Schön ist das», sagt er. Er sagt es leise, damit
er Gabi nicht stört.

«Schön, diese Musik. Dieser Ort. Dieses Wetter. Meine Arbeit hier ...»

Dann folgt eine Pause und dann:

« ... und erst noch gutes Essen.»

Mit geübtem Schwung setzt Quinto eine Kelle
voll Pflaster auf den Stein. Gabi singt weiter.
Würde es das geben, dann sänge sie es jetzt extra
für Quinto: das Lied vom Dach überm Kopf ...

Lieblings-Rezepte aus unserer Sammlung

Reis auf unsere Art

300 g italienischen Langkornreis (Arborio oder Vialone) in etwas Öl dämpfen zusammen mit einer grobgehackten Zwiebel und zwei zerquetschten Knoblauchzehen, eine Einkilogrammdose Pelati (geschälte Tomaten), zwei Eßlöffel Tomatenmark, knapp 1 Liter Hühnerbouillon, Salz, etwas Pfeffer und zwei Eßlöffel Curry-Pulver beifügen. Wahlweise eine große Dose Thunfisch oder 500 g geschnetzeltes Hühnerfleisch oder 500 g gekochten Schinken dazugeben, in eine feuerfeste flache Form schütten, im vorgewärmten Ofen (200°) 25 Minuten köcheln lassen.

Einziges Problem dieser Speise: der Geschmack des Curry-Pulvers variiert je nach Marke sehr. Mit dem in Deutschland gekauften Curry-Pulver ergab sich ein ganz anderes Gericht als mit dem in der Schweiz gekauften Butty-Curry. Ich stelle mir vor, daß auch in bezug auf die Schärfe des Gerichts durch verschiedene Curryarten Unterschiede auftreten können.

Aber ein Versuch lohnt sich. Mit Salat serviert, hat man ein gutes, nahrhaftes Essen. Vorsicht: Falls die Masse in mehrere Formen verteilt werden muß, darauf achten, daß das Verhältnis Flüssigkeit/Reis überall ungefähr gleich ist.

Alle Rezepte für vier Personen

Zitronenhuhn

Man füllt ein gesalzenes und gepfeffertes Brathuhn mit 100 g Rohschinken, in feine Streifen geschnitten, und mit der ganz fein geschnittenen Schale von zwei Zitronen. Zunähen. Das Huhn nun einwickeln in Tranchen von gekochtem oder rohem Schinken, mit Zitronensaft begießen. In einem Gemisch von Sonnenblumenöl und Butter langsam braten, ein Gläslein Marsala oder Cognac, von Zeit zu Zeit etwas Hühnerbouillon beigeben. Zugedeckt drei Viertelstunden braten.

Und hier ein ganz feines Gnocchirezept, das ich – man soll nicht lachen – aus dem Baselbiet erhalten habe:

Gnocchi Kauz

3 dl Milch, 70 g Butter, Salz, Pfeffer und Muskatnuß werden zusammen zum Kochen gebracht, 160 g Mehl (noch besser Hartweizenmehl) eingerührt, über dem Feuer bearbeitet, bis sich die Masse von der Pfanne löst. Vom Feuer nehmen. Nach und nach rührt man 5 Eier hinein, zieht 100 g geriebenen Käse (Sbrinz z. B.) darunter, und sticht mit 2 Eßlöffeln aus der Masse Klöße, welche man in Salzwasser gar kocht. Nach etwa 10 Minuten nimmt man die Klöße heraus, schreckt sie durch Eintauchen in kaltes Wasser ab und legt sie, gut abgetropft, in eine gebutterte Gratinform. Man übergießt mit einer Béchamel- oder Gorgonzolasauce, bestreut mit geriebenem Käse (Sbrinz oder Parmesan), Pa-

niermehl und Butter und bäckt im Ofen bei ca. 220 bis 250°C schön gelb. Gnocchi müssen ofenfrisch serviert werden. Mit Salat ein nahrhaftes fleischloses Essen.

Gorgonzolasauce wie Linda sie macht

50 g Butter schmelzen, mit 150 g Gorgonzola (mit der Gabel zerdrückt) und 5 Eßlöffeln Rahm auf kleinstem Feuer zu einer Crème verrühren, einige Minuten köcheln lassen, 1 Schnapsgläslein Cognac oder Whisky beigeben, einige Minuten weiterköcheln, über Gnocchi, Polenta oder weißen Reis anrichten, mit feingehackter Petersilie überstreuen.

Butter mit Salbei, nochmal ein Rezept von Linda

Zur Abwechslung eine Sauce ohne Tomaten zu Teigwaren: In einem Pfännchen Butter schmelzen, frische Salbeiblätter, am besten schon am Vortag gewaschen und gut getrocknet, beigeben; sobald die Butter sich zu bräunen beginnt salzen, die Blätter auf kleinstem Feuer braun werden lassen.

Costine

«Costine» ist Schweinsbrustspitz (eine Art Rippchenstükke), in halbhandtellergroße Stücke zerteilt. Wir ölen sie ein mit Olivenöl, würzen mit Salz, Pfeffer, Rosmarin, Salbei, (Abwechslung: Sonnenblumenöl, Senf) geben sie in eine Backform (Pyrexplatte) mit Deckel. Dann Ofen auf 220°

schalten, 1/2 Std. schmoren lassen. Herausnehmen, nochmals einölen, auf dem Grill bräunen. Von Hand gegessen, schmecken sie am besten.

Knoblauchteigwaren

Hartweizengrieß-Teigwaren (z. B. Maccheroni) in Salzwasser al dente kochen. Abschütten. Etwas Sudwasser zurückbehalten. Lagenweise Butterflocken, Maccheroni, gequetschten Knoblauch, Streuwürze, Butterflocken etc. in eine gebutterte Form geben, mit etwas Sudwasser übergießen, mit Parmesankäse oder Mozzarellakäse überstreuen, im Ofen überbacken.

Liebstöckel-Teigwaren

Wie vorstehend beschrieben vorgehen, jedoch anstelle von Knoblauch ganz fein gehackten frischen Liebstöckel verwenden.

Thon an grüner Pfeffersauce

Entweder eine weiße Sauce machen und ein Döschen grünen Pfeffer beigeben oder aus der Tüte grüne Pfeffersauce zubereiten. Mit etwas Weißwein und Butter verfeinern. Abgetropften Thon aus der Dose zerzupfen, beigeben, heiß werden lassen.

Reistorte

400 g italienischen Reis in reichlich Salzwasser al dente kochen, das Wasser abschütten, Reis abkühlen lassen. Drei Eigelb, eine Handvoll geriebenen Parmesankäse, eine Dose Erbsen oder Erbsen mit Karotten (abgetropft) und die steif geschlagenen Eiweiße darunterziehen, salzen, pfeffern, mit Käse und Butterflocken bestreuen, in gebutterter Form bei Mittelhitze 20 Minuten backen.

Poires St. Emeran
(oder Birnen mit Gorgonzola wie Jogi sie macht)

Vier in Zuckersirup weichgekochte Birnen oder acht Birnenhälften aus der Dose auf eine Platte geben. Kaltstellen.
2 Eßlöffel Sahne und 200 g Gorgonzola auf kleinem Feuer erhitzen. Dabei den Käse mit einer Gabel zerdrücken. Sahne und Käse müssen schließlich eine Crème ergeben. Kurz vor dem Siedepunkt die Crème über die Birnen gießen. Sofort servieren. Daß diese Nachspeise auch sofort gegessen wird, muß man niemandem vorschreiben.

Thonsalat

Eine große Dose Thon zerzupfen, mitsamt dem Öl in eine Schüssel geben. Vier Peperoni feinschneiden, in Butter dämpfen, erkalten lassen (Ersatz: eine Dose Peperonata). Zum Thon geben, mit Salz, Pfeffer, einem Eßlöffel Kapern,

Zwiebelringen, evtl. Zitronensaft, hartgekochten Eischeiben mischen. An einem warmen Sommerabend mit frischem Brot und einem Glas Bier genießen.

Zucchetti Froda

Zucchetti (es dürfen auch sehr große Exemplare sein, nur sollten die Kerne noch weich sein) schälen, in ca. 1 cm dicke Scheiben schneiden. Diese in der Bratpfanne nebeneinandergelegt in Butter auf kleiner Flamme ganz sanft anbraten, Rosmarin, wenn möglich gartenfrisch, und relativ viel Salz beigeben. Wenn die Scheiben gar sind – sie sollten noch etwas «Biß» haben – Pfanne vom Feuer nehmen, das Gericht mit etwas Sahne übergießen, sofort servieren. Wer mag, kann Parmesankäse darüber streuen.

Fleisch im kalten Ofen

Schweinebraten, Kalbsbrust, Lammkeule, gespickter Rindsbraten: alle werden zu einem Festessen, das fast keine Arbeit gibt:

Das Fleisch mit Öl (wir nehmen Olivenöl) bepinseln, mit Knoblauchstiften spicken, würzen entweder mit Mayoran oder mit Rosmarin und/oder Salbei, leicht salzen, pfeffern, einige Butterflocken beigeben. In drei Lagen Aluminiumfolie wickeln. Wenn möglich diese Vorbereitungsarbeiten am Vortag machen. Kühl lagern. Je nach Größe des Fleischstükkes auf drei bis fünf Stunden in den zuerst noch kalten Backofen schieben, auf 150° mehr ziehen als braten lassen.

Zwanzig Minuten vor dem Servieren herausnehmen, auspacken, Backofen ganz heiß einstellen, Fleisch nochmals einölen, überbacken. Vor dem Zerschneiden ein paar Minuten ruhen lassen. Der entstandene Jus kann durch Zugabe von Weiß- oder Rotwein oder etwas Sahne gestreckt werden. Wir lassen ihn, wie er ist und ernten stets Komplimente!

Schweinshaxen

Acht zweizentimeterdicke Schweinshaxenstücke salzen, pfeffern, in Mehl drehen, in etwas Sonnenblumenöl anbraten. Vier Karotten in Rädchen geschnitten, eine Zwiebel grob gehackt, zwei Knoblauchzehen gequetscht, etwas Mayoran miteinander in Butter leicht andämpfen, Fond in der Bratpfanne mit Weißwein und Hühnerbrühe auflösen. Die Haxen in einer feuerfesten Form kreisförmig anordnen, das Gemüse in die Mitte, Flüssigkeit darübergeben. Eine Stunde im auf 180° vorgewärmten Backofen braten, Mozzarella-Käse, Parmesan-Käse und einige Butterflöckchen darüberstreuen, 20 Minuten bei Oberhitze überbacken.

Ramozerhörnli

Sechs geschälte, geviertelte mittelgroße Kartoffeln zehn Minuten lang in Salzwasser kochen, 200 g Hörnli beigeben. Wenn diese gar sind, das Wasser abschütten. Eine rohe, kleingehackte Zwiebel, geriebenen Emmentalerkäse und viel braune Butter darübergeben, servieren mit Salat.

157

Kaninchenfleisch extragut

1 kg in mundgerechte Stücke zerschnittenes Kaninchenfleisch in eine enge Pfanne legen, einen Lauchstengel, Sellerieblätter, zwei Lorbeerblätter, eine Karotte, eine mit drei Gewürznelken besteckte Zwiebel, zwei Thymianzweige, fünf Wacholderbeeren, ein Glas herben Weißwein (z.B. Frascati) dazugeben, mit soviel kaltem Wasser auffüllen, daß das Fleisch knapp bedeckt ist, salzen. Auf kleinem Feuer ca. eineinhalb Stunden köcheln. Fleisch aus dem Sud heben. Zwei Eßlöffel Butter und einen Eßlöffel Maizena miteinander verrühren, mit dem Sud auflösen. Diese Sauce eine Viertelstunde köcheln lassen. Ein Eigelb, zwei Eßlöffel Sahne und einige Zitronentropfen beifügen. Das Fleisch in der Sauce erwärmen, aber nicht mehr kochen lassen.

Kuttelplätze im Topf

750 g in handtellergroße Stücke geschnittene Kutteln (Kaldaunen), eine Fenchelknolle, zwei Zwiebeln und zwei Karotten, grob gehackt, ½ l Weißwein, 1½ l Wasser, 1 Lorbeerblatt, eine Nelke, Salz, Pfeffer, in den Dampfkochtopf geben, 25 Minuten unter starkem Druck kochen.

Monikas Holunderblütensirup

Sieben Holunderblütendolden mit 1½ l Wasser ansetzen und zwei Tage lang stehen lassen. Absieben. Das Wasser mit

158

zwei Kilogramm Zucker aufkochen, 50 g Zitronensäure (Apotheke) beigeben. In Flaschen abfüllen, heiß verkorken. Im Winter mit heißem Wasser verdünnt, evtl. mit ein paar Tropfen Gin verfeinert, trinken. An den Sommer denken.

Spezzantino

Ich weiß, eigentlich müßte es Spezzatino (ohne N) heißen. Aber unser Heidi sprach den Namen prinzipiell falsch aus. Deshalb heißt Spezzatino, mit Barbera-Wein gekocht, bei uns eben Spezzantino.

Man nimmt 500 g Zwiebeln, hackt sie grob, 500 g Karotten, schneidet sie in Rädchen, dämpft alles in etwas Sonnenblumenöl, gibt 500 g Schweins- oder Rindsragout zu, bedeckt das Ganze mit Barbera oder sonst einem schweren, trockenen Rotwein, würzt mit Salz, Pfeffer, einem Lorbeerblatt, einer Nelke, läßt es drei Stunden lang leicht köcheln. Polenta dazu oder Teigwaren oder Salzkartoffeln.

Rezeptverzeichnis